중국어말하기응용능력시험

CST 모의고사

중고급

JRC 북스

중국어말하기응용능력시험

CST
모의고사 중고급

| 초판 1쇄 인쇄 | 2014년 7월 10일 |
| 초판 1쇄 발행 | 2014년 7월 15일 |

기획·저	JRC 중국어연구소
발행인	김효정
발행처	JRC 북스
등록번호	제300-2002-42호
편집	최정임 ǀ 이소연 ǀ 허희주 ǀ 여정애
디자인	정지용 ǀ 정소영
제작	박선희
영업	최정호 ǀ 김영한
홍보	이지연 ǀ 주현종
웹마케팅	오준석 ǀ 송환웅 ǀ 이혜진 ǀ 김희영
인쇄	천일문화사

주소	JRC 북스 서울 강남구 테헤란로 109, 3층
전화	구입문의 02.567.3861, 02.567.3837
	내용문의 02.567.3860
팩스	02.567.2471
홈페이지	www.booksJRC.com

ISBN	978-89-98444-45-7 14720
	978-89-98444-43-3 (세트)
가격	14,500원(MP3 CD 포함)

이 도서의 국립중앙도서관 출판시도서목록(CIP)은 서지정보유통지원시스템 홈페이지(http://seoji.nl.go.kr)와
국가자료공동목록시스템(http://www.nl.go.kr/kolisnet)에서 이용하실 수 있습니다.(CIP제어번호: CIP2014018483)

Gift Certificate

할인코드   PO8X-GRMJ-ZVCG-M28M

Chinese Speaking Test

CST

CST 응시료 할인 쿠폰

10,000

금일만원정

CST 정기시험 접수 시 본 할인 쿠폰을 사용하시면 1만원 할인 혜택을 받으실 수 있습니다.

■ 할인 쿠폰 사용 안내

1. CST 정기시험 접수 페이지에 접속하여 응시 접수를 합니다.
2. 결제창에서 할인쿠폰란에 할인코드를 입력합니다.
   * 본 쿠폰은 타 응시권과 중복 할인이 가능합니다.

■ 문의처

CST 사무국
서울시 강남구 테헤란로 109 강남제일빌딩 8층
T 02-567-9213

차례

CST(Chinese Speaking Test)란?

CST(Chinese Speaking Test)는 클라우드 컴퓨팅 방식의 인터넷 기반 검사(IBT: Internet Based Test)로 진행되는 중국어 말하기 응용 능력 시험으로, 국내 유일의 응시자 수준을 고려한 등급별 시험을 진행하여 실질적인 어학 능력과 단계적인 학습 성과를 검증받을 수 있습니다.

개발 배경

CST는 나날이 중요시되고 있는 중국어 학습자의 실질적인 커뮤니케이션 능력을 진단하고 향상시키기 위하여 중국어 교육 전문 브랜드 JRC에듀의 산하기관인 CST연구소가 연구 개발한 중국어 말하기 응용 능력 시험입니다.

경제대국으로 우뚝 선 중국과의 교류가 활발해짐에 따라 기업에서는 원활한 의사소통 능력을 갖춘 전문 인력을 필요로 하지만, 중국어 가능 수요자들의 의사소통 능력은 그에 미치지 못하는 현실입니다.

이에 CST연구소는 일반 학습자들과 기업의 Needs를 반영하여 중국 전문 인력의 실질적인 말하기 능력 기준을 제시하는 중국어 말하기 응용 능력 시험 CST를 개발하게 되었습니다. 이제 국내 유일의 응시자 수준을 고려한 등급별 중국어말하기응용능력시험 CST가 여러분의 중국어 능력 향상의 길잡이가 될 것입니다.

1. 국내 유일의 수준별 말하기 평가 시험

CST는 응시자 본인에게 적합한 등급의 시험을 선택하여 응시할 수 있습니다. 난이도에 따라 초급과 중고급으로 구분되며 급수별 특화된 문형과 문제 출제를 통해 보다 정확하게 중국어 말하기 능력을 평가합니다.

2. 실질적인 커뮤니케이션 능력 평가

CST는 실생활 중심의 주제와 실무 현장의 생동감 있고 친근한 상황 묘사 문제를 통해 실질적인 중국어 말하기 능력을 평가합니다.

3. 세분화된 단계별 인증 시험

CST는 1급에서 11급까지 세분화된 급수 체계로 점진적인 학습 성과 확인 및 검증된 인증 체계를 통해 성취도를 한눈에 볼 수 있습니다.

4. 평가의 신뢰성

CST는 명확한 평가 분석 시스템을 기반으로 전문 평가위원이 3단계 Process를 거쳐 공정한 평가를 진행합니다.

5. 다각화된 평가리포트

CST는 응시자의 중국어 말하기 능력을 면밀히 분석하여 총 5개 항목에 대한 상세한 결과를 평가리포트로 제공합니다.

6. 기업·단체 맞춤형 시험

CST는 기업의 Needs를 반영한 맞춤형 시험 운영을 진행합니다. IBT 기반의 단체 시험과 면대면 인터뷰 시험 진행이 가능합니다.

02 등급 소개

초급	입문 ~ 초급
	Level 1 ~ 4급

중고급	중급 ~ 고급
	Level 5 ~ 11급

구분	Level	등급	등급 참고	
			新HSK	학습 어휘
초급	1급	입문	1급	150개
	2급	초급下	2급	300개
	3급	초급中	3급	500개
	4급	초급上	4급	800개
중고급	5급	중급下		1,000개 이상
	6급	중급中	5급	1,500~2,500개 이상
	7급	중급中上		
	8급	중급上		
	9급	고급下	6급	3,000~4,000개 이상
	10급	고급中		
	11급	고급上		

03 등급 설명

등급		등급 설명
초급	**1**급	약 150개의 어휘를 습득한 중국어 회화 입문자로 발음과 성조가 매우 부정확하다. 예. 아니오 같은 긍정·부정형이나 간단한 단어와 짧은 구로 대답할 수 있고, 간단한 인사말과 기초적인 자기소개가 가능하다.
초급	**2**급	약 300개의 어휘를 습득한 중국어 회화 초급下 수준의 학습자로 발음과 성조가 부정확하다. 자신과 주변 사물에 관련된 화제에 대해 구나 간단한 문장으로 대답할 수 있다.
초급	**3**급	약 500개의 어휘를 습득한 중국어 회화 초급中 수준의 학습자로 발음과 성조가 부정확하다. 자신과 주변 상황에 대해 간단한 문장으로 대답할 수 있다.
초급	**4**급	약 800개의 어휘를 습득한 중국어 회화 초급上 수준의 학습자로 발음과 성조가 일부 부정확하다. 자신과 주변 상황, 일상생활에 관한 회화가 가능하다.
중급	**5**급	약 1,000개 정도의 어휘를 습득한 중국어 회화 중급下 수준의 학습자로 발음과 성조상의 실수가 있다. 일상생활에서 접하는 일반적인 화제에 대해 말할 수 있다.
중급	**6**급	약 1,500개 정도의 어휘를 습득한 중국어 회화 중급中 수준의 학습자로 일부 발음과 성조상의 실수가 있다. 일상생활에서 접하는 일반적인 화제에 관해 비교적 구체적으로 말할 수 있지만, 사회 관련 화제를 말할 때는 어려움을 느낀다.
중급	**7**급	약 2,000개 정도의 어휘를 습득한 중국어 회화 중급中上 수준의 학습자로 일부 발음과 성조상의 실수가 있다. 일상생활에서 접하는 일반적인 화제에 관해 자신의 의견을 비교적 구체적이고 논리적으로 제시할 수 있고, 일부 사회 관련 화제에 관해 자신의 의견을 제시할 수 있다.
중급	**8**급	약 2,500개 정도의 어휘를 습득한 중국어 회화 중급上 수준의 학습자로 대체로 발음과 성조가 자연스럽다. 일상생활과 관련된 전반적인 화제에 관해 자신의 의견을 자유롭게 제시할 수 있고, 일부 사회 관련 화제에 관해서도 자신의 의견을 구체적으로 제시할 수 있다.
고급	**9**급	약 3,000개 정도의 어휘를 습득한 중국어 회화 고급下 수준의 학습자로 발음과 성조가 자연스럽고 표준적이다. 일상생활과 사회 관련 화제에 관해 논리적으로 자신의 의견을 제시할 수 있다.
고급	**10**급	약 3,500개 정도의 어휘를 습득한 중국어 회화 고급中 수준의 학습자로 발음과 성조가 자연스럽고 표준적이다. 일상생활·사회 등 다방면의 화제에 관해 논리적으로 유창하게 자신의 의견을 제시할 수 있다.
고급	**11**급	약 4,000개 이상의 어휘를 습득한 중국어 회화 고급上 수준의 학습자로 발음과 성조가 매우 자연스럽고 표준적이다. 일상생활·사회 등 다방면의 화제에 관해 논리적으로 유창하게 자신의 의견을 제시하고, 네이티브처럼 자유자재로 중국어를 말할 수 있다.

04 문형 소개

부분	문형	문형 내용	문제수	준비 시간	대답 시간
1	基本问答	개인신상에 관한 질문에 대답하기	4	3	10
2	朗读	제시된 지문을 보고 낭독하기	2	10	40
3	看图回答	제시된 그림을 보고 질문에 맞게 대답하기	5	5	15
4	听后回答	듣고 즉시 판단하여 말하기	4	3	15
5	简短回答	일상적인 주제에 대해 자신의 의견을 간단히 말하기	4	15	30
6	情景应对	제시된 상황에 적절하게 대응하여 말하기	4	30	40
7	看图讲故事	제시된 4컷의 그림을 보고 완전한 이야기로 구성하여 말하기	1	40	60

부분	문형	문형 내용	문제수	준비 시간	대답 시간
1	基本问答	개인신상에 관한 질문에 대답하기	4	3	10
2	朗读	제시된 지문을 보고 낭독하기	1	10	60
3	看图回答	제시된 그림을 보고 질문에 맞게 대답하기	5	10	20
4	听后复述	들은 내용을 다시 말하기	2	20	30
5	扩展回答	일상생활·사회 관련 화제에 관해 자신의 의견을 논리적으로 말하기	4	30	50
6	情景应对	제시된 상황에 적절하게 대응하여 말하기	4	30	50
7	看图讲故事	제시된 4컷의 그림을 보고 완전한 이야기로 구성하여 말하기	1	50	60
8	图表分析	도표를 보고 분석한 결과를 논리적으로 설명하기	1	50	60

05 시험 진행 과정

응시자 입실(10분 전)

① 응시자 입실
시험 시작 30분 전부터 입실이 가능하며
시험 시작 10분 전까지 지정된 시험장에
입실을 완료해야 합니다.

② 응시자 좌석 배치
응시자는 입실 후 지정된 좌석에 착석해야
합니다.

오리엔테이션(약 10분)

① 응시자 로그인
수험번호 입력 후 로그인합니다.
② 응시자 정보 확인
로그인 후 응시자 본인의 정보를 확인합니다.
③ 장비 테스트
헤드셋 음량 조절 및 녹음 테스트를 실시
합니다.

④ 시험 화면 구성 및 주요 기능 숙지
⑤ 응시자 신분 확인
시험 전 응시자의 신분을 확인합니다.
⑥ 시험 안내
시험 정보 및 응시자 유의사항을 숙지합
니다.

시험 시작

① 연습문제
모든 문형의 시작 전,
연습 문제를 통해 문형을 숙지합니다.

② 시험 진행
초급 : 제1부분 ~ 제7부분
중고급 : 제1부분 ~ 제8부분

시험 종료(5분 전)

① 녹음 확인
대답한 내용의 녹음 여부를 확인합니다.
대답 녹음 파일에 이상이 있는 경우 빨간
색으로 표시됩니다.

② 시험 종료
감독관의 시험 종료 안내 후 감독관의
지시에 따라 퇴실이 진행됩니다.

06 평가 과정 및 평가 영역

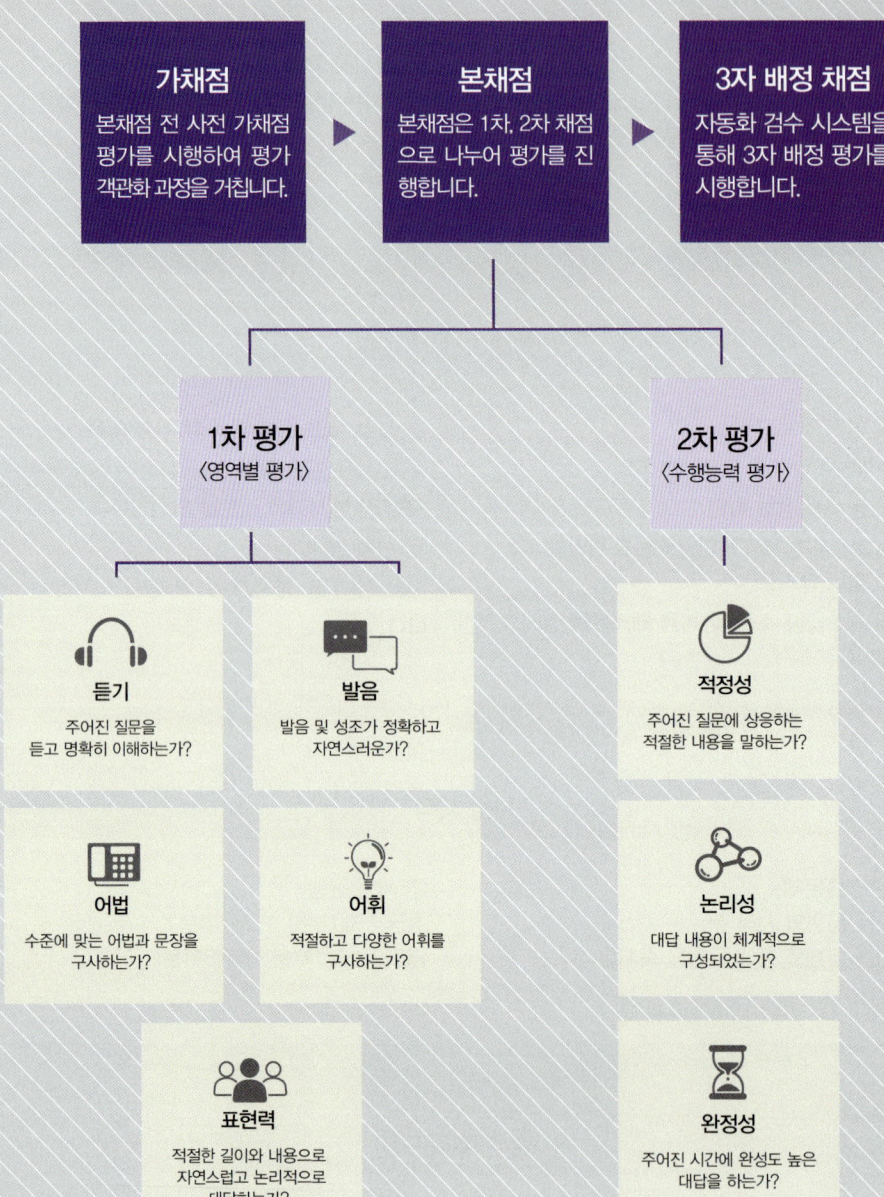

가채점
본채점 전 사전 가채점 평가를 시행하여 평가 객관화 과정을 거칩니다.

본채점
본채점은 1차, 2차 채점으로 나누어 평가를 진행합니다.

3자 배정 채점
자동화 검수 시스템을 통해 3자 배정 평가를 시행합니다.

1차 평가
〈영역별 평가〉

2차 평가
〈수행능력 평가〉

듣기
주어진 질문을 듣고 명확히 이해하는가?

발음
발음 및 성조가 정확하고 자연스러운가?

적정성
주어진 질문에 상응하는 적절한 내용을 말하는가?

어법
수준에 맞는 어법과 문장을 구사하는가?

어휘
적절하고 다양한 어휘를 구사하는가?

논리성
대답 내용이 체계적으로 구성되었는가?

표현력
적절한 길이와 내용으로 자연스럽고 논리적으로 대답하는가?

완정성
주어진 시간에 완성도 높은 대답을 하는가?

07 시험 활용 현황

구분	용도
일반 기업 및 공기관	사내 어학평가 기준, 인사고과, 해외 주재원 대상자 선발, 신입사원 채용
대학교	학업 성취도 평가, 교육 및 연수 평가 기준, 교환학생 선발

08 2014년 정기시험 일정

회차	시험일	응시 급수	지역	접수 일정	성적 발표
1회	07.19	초급/중고급	서울, 부산, 광주, 대구, 대전	06.23 ~ 07.13	08.04
2회	09.20	초급/중고급	추후 공지	08.25 ~ 09.14	10.06
3회	11.15	초급/중고급	추후 공지	10.20 ~ 11.09	12.01

09 접수 및 시험 당일 준비물

1. 접수

CST 홈페이지(www.icst.co.kr)에서 인터넷 접수

2. 시험 당일 준비물

유효한 신분증(주민등록증, 운전면허증, 기간 만료 전의 여권, 주민등록증 발급
신청확인서 등 규정 신분증)

10 성적 확인

1. 성적 결과는 시험일로부터 2주 후에 홈페이지 '성적 조회' 메뉴에서 개별 조회 가능
2. 성적 결과 발표 후 1주 내에 평가리포트 우편으로 발송

⑪ 평가리포트

*CST 평가리포트는 시험일로부터 **2년간** 유효합니다.

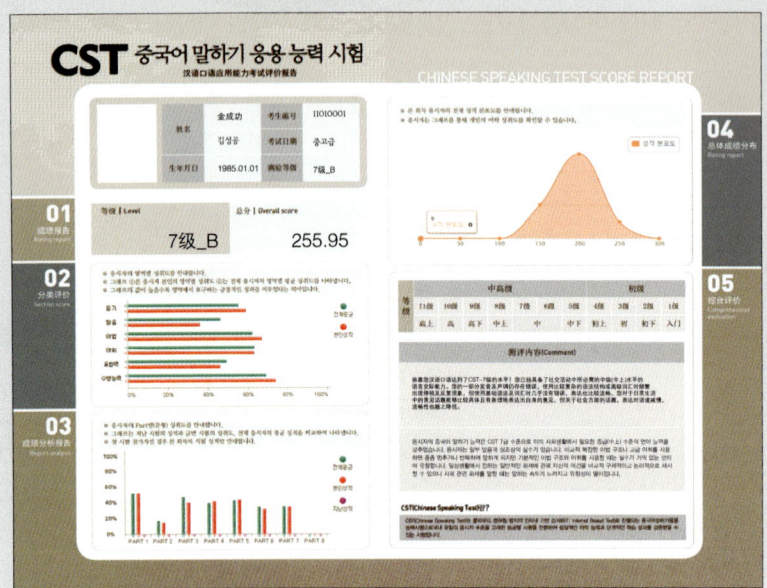

01 등급 안내

- 취득 등급 및 총점 안내

02 평가 영역별 성취도

- 평가 영역별 성취도 안내
- 전체 평균 성적과 본인의 성적 비교를 통해 본인의 강·약점 파악 가능

03 문형별 성취도

- 문형별 성취도 안내
- 전체 평균 성적, 본 회차 본인의 성적, 지난 회차 본인의 성적 비교 가능

04 성적 분포도

- 본 회차 전체 응시자의 성적 분포도 안내

05 종합 평가

- 듣기, 발음, 어법, 어휘, 표현력 등에 관한 종합적인 평가 제공

⑫ 기업·단체 수시시험

CST 수시(특별)시험은 중국 전문 인력이 필요한 기업과 단체의 실질적인 중국어 회화 능력 평가에 목적을 두고 공정하고 정확한 평가와 융통성 있는 운영을 통해 기업 및 대학을 비롯한 단체 고객사의 Needs를 반영하여 IBT 기반의 시험과 면대면 Interview 시험으로 진행됩니다.

| CST 수시시험 특징 |

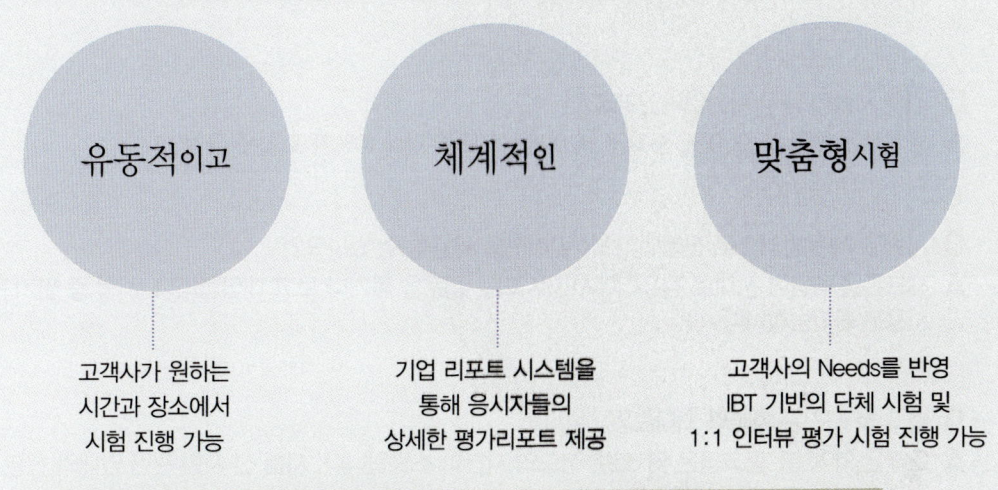

유동적이고

체계적인

맞춤형시험

고객사가 원하는
시간과 장소에서
시험 진행 가능

기업 리포트 시스템을
통해 응시자들의
상세한 평가리포트 제공

고객사의 Needs를 반영
IBT 기반의 단체 시험 및
1:1 인터뷰 평가 시험 진행 가능

1:1 인터뷰 평가 : 원어민 평가자와 감독관이 직접 방문하여 시행되는 interview 형식의 시험입니다.

| 수시시험 접수 안내 |

온라인 접수 → 담당 매니저 미팅 → 시험 준비 → 시험 진행 → 결과 보고 (성적 공지)

*수시시험 최소 접수 인원은 1회 15명 이상입니다.

*고객사에 시험 응시 장소가 있는 경우 : CST 수시 운영팀이 직접 방문하여 시험을 진행합니다.

*고객사에 시험 응시 장소가 없는 경우 : 별도의 고사장 섭외 또는 CST 센터에 방문하여 시험을 진행합니다.

FAQ

Q 시험 당일 유효한 신분증은 무엇인가요?
A 본인의 신분 확인이 가능한 신분증이 필요합니다.

- 유효한 신분증 : 주민등록증, 운전면허증, 기간 만료 전의 여권, 주민등록증 발급 신청확인서
- 유효하지 않은 신분증 : 사원증, 학생증, 기타 자격증, 공무원증 등

Q 정기 시험의 응시료는 얼마인가요?
A 응시료는 초급 58,000원, 중고급 66,000원으로 부가세 10%가 포함된 금액입니다.

Q 시험은 어떤 방식으로 진행되나요? 필기구를 사용할 수 있나요?
A 헤드폰을 착용한 상태로 컴퓨터에서 제시되는 질문을 듣거나 보고 대답합니다. 시험 중 필기구 사용은 불가능합니다.

Q 총 시험 시간은 얼마나 되나요?
A 초급은 약 45분, 중고급은 약 55분 정도의 시간이 소요됩니다. 시험 전 시험 관련 안내와 신분 확인 절차가 포함된 시간입니다.

Q 시험 진행 중 재녹음이 가능한가요?
A 대답은 주어진 대답 시간 안에 한 번만 녹음할 수 있습니다. 반드시 시험 전 음량 및 녹음 테스트를 실시해 주시기 바랍니다.

Q 성적표 재발급이 가능한가요?
A 성적표 재발급은 CST 홈페이지(www.icst.co.kr) 로그인 후 '성적표 재발행' 메뉴에서 신청할 수 있습니다. 재발급 신청은 유료이며 신청 후 1주 내에 우편 발송이 처리됩니다.

CST
문형 소개

★ 제1부분 基本问答　　기본 질문 대답하기

★ 제2부분 朗读　　낭독하기

★ 제3부분 看图回答　　그림 보고 말하기

★ 제4부분 听后复述　　듣고 다시 말하기

★ 제5부분 扩展回答　　의견 말하기

★ 제6부분 情景应对　　상황에 대응하여 말하기

★ 제7부분 看图讲故事　　그림 보고 이야기 구성하기

★ 제8부분 图表分析　　도표 분석하여 말하기

基本问答
기본 질문 대답하기

STEP ① 문형 파악하기

문형	문형 내용	문제수	시험 시간
基本问答 기본 질문 대답하기	개인신상에 관한 질문에 대답하기	4	준비 3초 대답 10초

제1부분은 개인의 인적 상황에 대한 질문에 대답하는 문제로, 총 4문제가 출제된다. 문제의 출제 범위는 이름, 나이, 생년월일, 전화번호, 직업, 가족 등의 개인신상과 간단히 소개할 수 있는 본인의 경험에 관한 것이다. 비교적 간단한 문제이지만 준비 시간과 대답 시간이 짧고 첫 문형에 대한 긴장감으로 머뭇거리다가 대답 시간을 놓칠 수도 있으므로 주의해야 한다.

STEP ② 문형 체험하기

第一部分
基本问答

Chinese Speaking Test

각 문형에 대해
간략히 소개합니다.

문형마다 1개의
연습문제를 제시합니다.
(주의 제1부분은 질문이
화면에 제시되지 않습니다.)

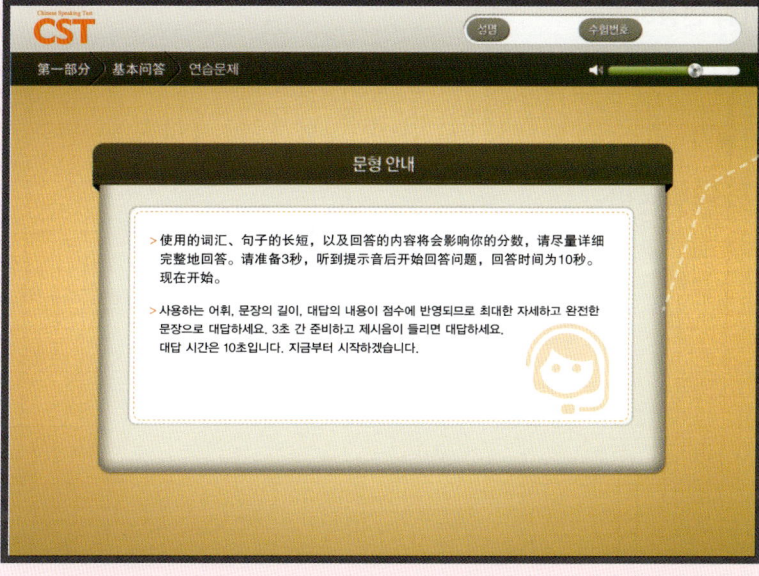

대답의 평가 기준과
준비·시험 시간을
안내합니다.

STEP ③ 문형 공략하기

연습
문제

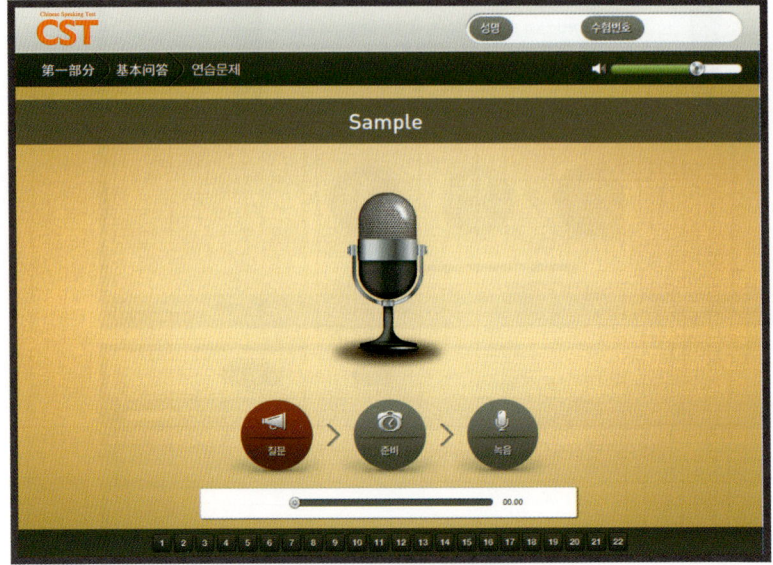

질문 : 你学过多长时间汉语?

공략

1. 질문 잘 듣기

중국어 학습 기간에 관한 질문이다.

➜ 你学<u>过</u>多长时间汉语?

2. 활용 어휘 연상하기

➜ 学, 过, 在, 中国, 2年

3. 대답 만들기

➜ 我学过2年汉语。

해설

문제 你学过多长时间汉语? 당신은 중국어를 얼마나 공부했나요?

대답 ❶ 我学过2年汉语。 나는 중국어를 2년 공부했어요.

❷ 我学过2年汉语, 一年是在韩国学的, 一年是在中国学的。
나는 중국어를 2년 공부했는데, 1년은 한국에서 1년은 중국에서 공부했어요.

해설 중국어를 얼마나 공부했는지 묻고 있으므로 자신이 중국어를 배운 기간을 말하면 된다. 중국어를 공부한 장소 등에 관해 덧붙여도 된다.

어휘 过 guo ㊈ ~한 적이 있다

STEP ④ 학습 노하우

1. 예상 대답을 미리 준비하자

매번 다른 문제가 출제되지만 다른 문형에 비해 출제 범위가 제한되어 있으므로 예상 질문에 대비하기가 쉽다. 이름, 나이, 생년월일, 사는 곳, 직업, 가족, 형제, 중국어 학습 정도 등 예상 가능한 내용에 관해 10초 정도의 간단한 대답을 미리 준비해 두면 더 유리하게 시험에 응할 수 있다.

2. 단순해도 완전한 문장으로 말하자

항상 '주어+술어+목적어'의 갖춰진 문장으로 말하도록 하자. 복잡한 구조와 어려운 문법을 사용한 문장이라도 문법적 오류가 있다면, 단순하지만 문법적 오류가 없는 문장보다 좋은 점수를 얻을 수 없다.

제 **2** 부분 朗读
낭독하기

STEP 1 문형 파악하기

문형	문형 내용	문제수	시험 시간
朗读 낭독하기	제시된 지문을 보고 낭독하기	1	준비 10초 대답 60초

제2부분은 제시된 지문을 보고 낭독하는 문제로, 총 1문제가 출제된다. 낭독하는 지문은 모두 일상생활에서 쉽게 접할 수 있는 상황의 이야기다. 지문에는 중국어만 제시되므로 준비 시간을 최대 활용하여 지문을 눈으로 미리 읽어 두도록 한다.

STEP 2 문형 체험하기

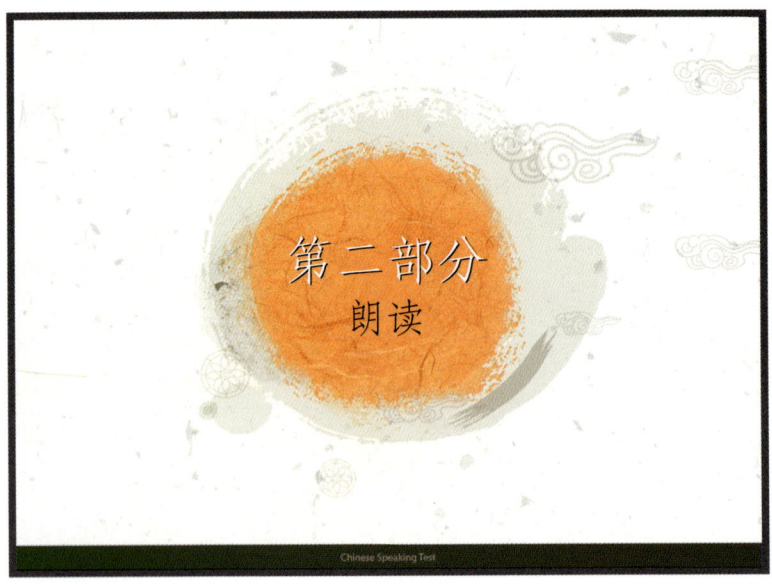

第二部分
朗读

Chinese Speaking Test

각 문형에 대해
간략히 소개합니다.

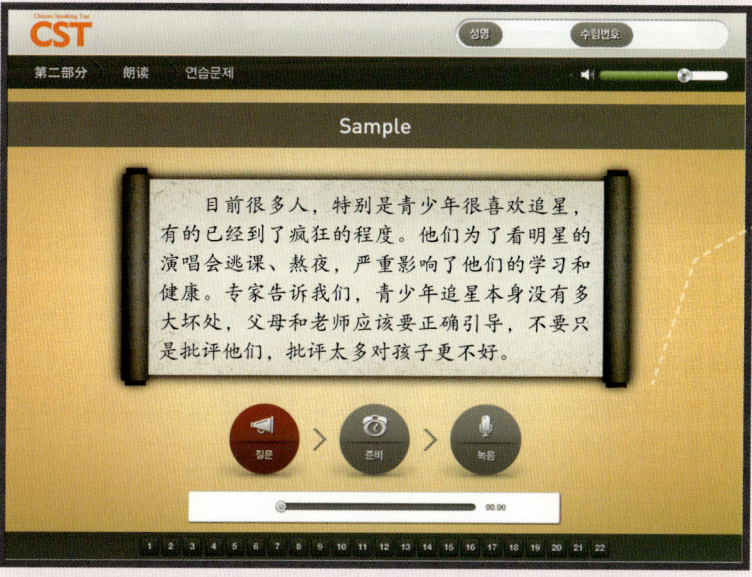

문형마다 1개의
연습문제를 제시합니다.

(주의 제2부분은 지문에
병음이 제시되지 않습니다.)

대답의 평가 기준과
준비·시험 시간을
안내합니다.

STEP ③ 문형 공략하기

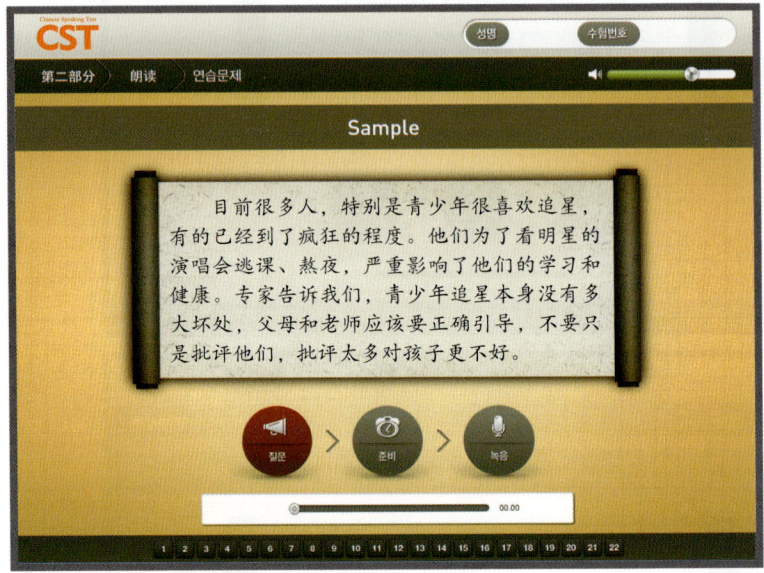

1. 지문 훑어보기

지문을 눈으로 훑어보며 모르는 글자가 있는지, 어디서 쉬고 다시 읽어야 자연스럽게 끊어 읽기가 가능한지 살펴본다.

2. 낭독하기

문장 구조에 따라 자연스럽게 끊어 읽기에 주의하며 정확한 발음으로 낭독한다.
(다음 끊어 읽기 표시에 따라 읽어 보세요.)

➜ 目前很多人，//特别是青少年//很喜欢追星，//有的//已经到了疯狂的程度。//他们为了看明星的演唱会//逃课、熬夜，//严重影响了//他们的学习和健康。//专家告诉我们，//青少年追星//本身没有多大坏处，//父母和老师//应该要正确引导，//不要只是批评他们，//批评太多//对孩子更不好。

해설 **문제** 目前很多人，特别是青少年很喜欢追星，有的已经到了疯狂的程度。他们为了看明星的演唱会逃课、熬夜，严重影响了他们的学习和健康。专家告诉我们，青少年追星本身没有多大坏处，父母和老师应该要正确引导，不要只是批评他们，批评太多对孩子更不好。

요즘 많은 사람들, 특히 청소년들이 유명 스타를 따라다니고 어떤 경우에는 광적인 수준에까지 이르러요. 그들은 스타의 콘서트를 보기 위해 수업에 빠지기도 하고 밤을 새우기도 하여 학업과 건강에까지 심각한 영향을 줘요. 전문가들은 청소년들이 스타를 따라다니는 것 자체는 큰 문제가 되지 않으며, 부모와 교사의 올바른 지도가 필요하다고 해요. 무턱대고 꾸짖거나 지나치게 반대하는 것은 아이에게 도움이 되지 않아요.

해설 지문에 병음과 성조가 제시되어 있지 않으므로 정확한 발음, 문맥에 맞게 자연스럽게 끊어 읽었는가에 따라 평가된다.

어휘 目前 mùqián 몡 지금, 현재 | 追星 zhuīxīng 통 스타를 우상으로 받들다 | 疯狂 fēngkuáng 혱 미치다, 광분하다 | 程度 chéngdù 몡 정도, 수준 | 为了 wèile 개 ~을 위하여 | 明星 míngxīng 몡 스타 | 演唱会 yǎnchànghuì 몡 콘서트 | 逃课 táokè 통 무단 결석하다 | 熬夜 áo yè 통 밤새다 | 严重 yánzhòng 혱 심각하다, 중대하다 | 影响 yǐngxiǎng 통 영향을 주다 | 专家 zhuānjiā 몡 전문가 | 本身 běnshēn 몡 그 자신, 그 자체 | 坏处 huàichu 몡 나쁜 점, 해로운 점 | 正确 zhèngquè 혱 정확하다, 올바르다 | 引导 yǐndǎo 통 인도하다, 이끌다 | 批评 pīpíng 통 비판하다, 비평하다

STEP ④ 학습 노하우

1. 미리 훑어보면 큰 도움이 된다

10초의 준비 시간은 지문을 눈으로 한 번 훑어보기에 부족하지 않은 시간이므로, 이 시간을 최대 활용해야 한다. 지문에 병음과 성조가 제시되지 않으므로 어떤 어휘들이 있는지 미리 살펴보며 모르는 글자가 있는지 체크해 본다. 또한 복문으로 이루어져 있는 경우가 많으므로, 자연스럽게 끊어 읽을 위치를 미리 파악해 두는 것이 좋다.

2. 발음 연습을 꾸준히 하자

평소 꾸준히 빠른 속도로 소리 내어 지문을 읽는 연습을 한다면, 낭독 문형뿐 아니라 중국어 말하기에 큰 도움이 된다. 하루 5~10분 투자한 시간이 시험에서는 고득점 획득으로 연결될 것이다.

看图回答

그림 보고 말하기

STEP 1 문형 파악하기

문형	문형 내용	문제수	시험 시간
看图回答 그림 보고 말하기	제시된 그림을 보고 질문에 맞게 대답하기	5	준비 10초 대답 20초

제3부분은 제시된 그림을 보고 그림의 내용에 따라 질문에 맞게 대답하는 문제로, 총 5문제가 출제된다. 문제의 출제 범위는 날씨, 취미, 업무, 장소, 동작 등 일상생활에서 쉽게 접할 수 있는 상황이다. 시험 화면에는 질문은 제시되지 않고 그림만 제시되므로 빠른 속도로 그림의 내용을 파악하는 동시에 질문을 정확하게 잘 들어야 알맞은 대답을 할 수 있다.

STEP 2 문형 체험하기

각 문형에 대해
간략히 소개합니다.

문형마다 1개의
연습문제를 제시합니다.
(주의 제3부분은 질문이
화면에 제시되지 않습니다.)

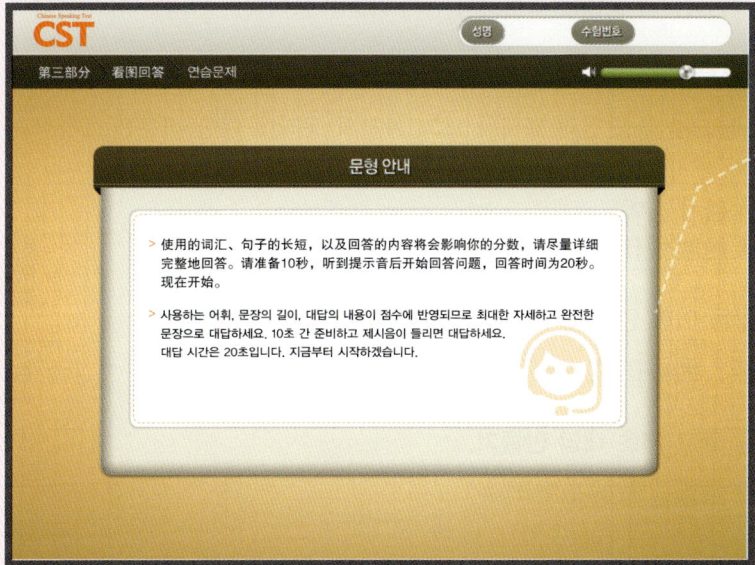

대답의 평가 기준과
준비·시험 시간을
안내합니다.

질문 : **她在做什么?**

1. 그림 상황 파악하기

▶ 여자, 주방, 달력, 요리하는 모습

▶ 달력에 '아들의 생일'이라고 표시되어 있고, 여자는 요리를 하고 있음

➡ 여자는 아들의 생일을 맞아 요리를 하고 있음

➡ 여자는 아들의 생일을 축하하기 위해 아들이 좋아하는 요리를 하고 있음

2. 질문 예상하기

요리하는 모습과 달력의 표시를 보고 여자의 동작에 대한 질문을 예상할 수 있다.

➡ 她在做什么?

➡ 今天她要做什么?

3. 대답 활용 어휘 연상하기

➡ 做饭，做中国菜，孩子的生日，庆祝

4. 질문 잘 듣고 기초 대답 만들기

➡ 她在做饭，做的是中国菜。

해설

문제 她在做什么? 그녀는 무엇을 하고 있나요?

대답 ❶ 她在做饭, 做的是中国菜。

그녀는 요리를 하고 있는데, 중국 음식을 만들어요.

❷ 她在炒菜, 为了庆祝孩子7岁的生日, 她做了孩子最爱吃的中国菜。

그녀는 요리를 하고 있어요. 아이의 7번째 생일을 축하하기 위해서 아이가 가장 좋아하는 중국 음식을 만들고 있어요.

해설 그림에서 여자는 즐거운 표정으로 요리를 하고 있고, 달력에 '아들의 생일'이 표시되어 있다. 따라서 여자는 아들의 생일을 맞아 축하하려고 음식을 만들고 있다고 말하면 된다.

어휘 炒菜 chǎocài 图 음식을 요리하다 | 庆祝 qìngzhù 图 경축하다

STEP ④ 학습 노하우

1. 빠른 시간 안에 그림의 내용을 파악하자

준비 시간은 10초로 빠른 시간 안에 그림의 상황을 파악하는 훈련을 한다면 유용하게 활용하기에 충분한 시간이다. 평소 그림을 보고 활용할 수 있는 어휘를 연상한 뒤, 어휘를 바탕으로 예상 질문을 만들어내는 훈련에 주력하도록 한다.

2. 핵심을 먼저 말하자

제3부분의 모범 대답은 질문이 요구하는 핵심을 빠뜨리지 않은 대답이다. 물론 그림에 제시되어 있는 내용을 토대로 추가적인 설명을 덧붙여 말한다면 더 높은 점수를 받을 수 있다. 하지만 명심해야 할 것은 꼭 시간 안에 완전한 문장으로 대답을 마쳐야 한다. 우선 질문이 요구하는 핵심을 말한 뒤, 시간이 남는다면 추가 설명을 덧붙이는 것이 좋다.

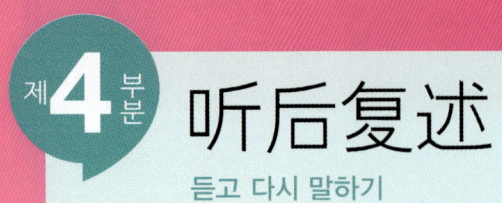

제**4**부분 听后复述
듣고 다시 말하기

STEP ① 문형 파악하기

문형	문형 내용	문제수	시험 시간
听后复述 듣고 다시 말하기	들은 내용을 다시 말하기	2	준비 20초 대답 30초

제4부분은 녹음 내용을 듣고 들은 내용을 다시 말하는 문제로, 총 2문제가 출제된다. 한 문제는 일상생활에서 쉽게 접할 수 있는 주제이고, 한 문제는 사회 관련 주제이다. 녹음 내용을 같은 속도로 두 번 들려주지만, 메모가 불가능하므로 두 번의 기회를 활용하여 핵심 내용을 꼭 기억해야 한다. 핵심 어휘를 중심으로 기억하고, 그 어휘를 토대로 연결하여 내용을 완성하도록 한다.

STEP ② 문형 체험하기

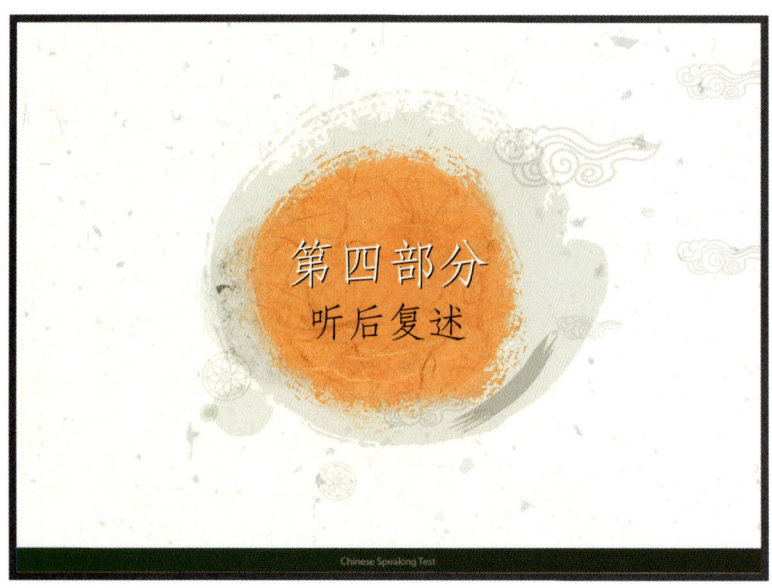

각 문형에 대해
간략히 소개합니다.

문형마다 1개의
연습문제를 제시합니다.

(**주의** 제4부분은 질문이
화면에 제시되지 않으나,
녹음 내용을 두 번 들려
줍니다.)

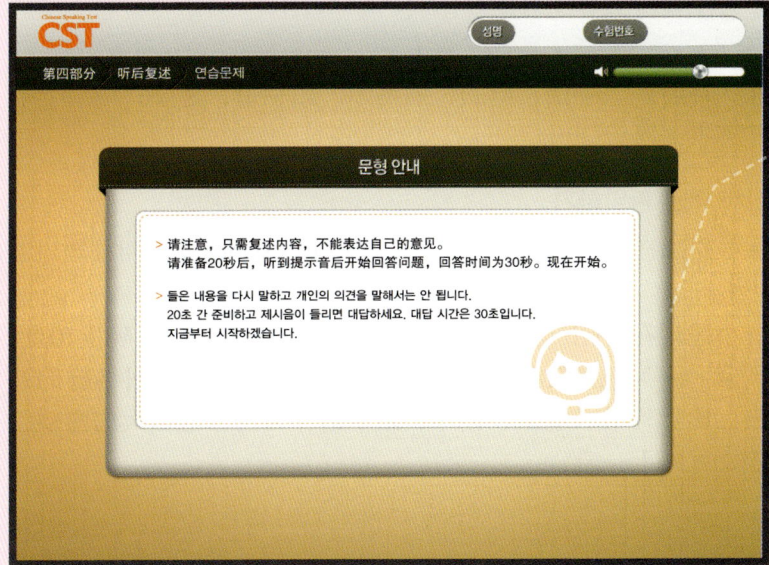

대답의 평가 기준과
준비·시험 시간을
안내합니다.

(**주의** 제4부분은 자신의
의견을 덧붙여서 대답해서는
안 됩니다.)

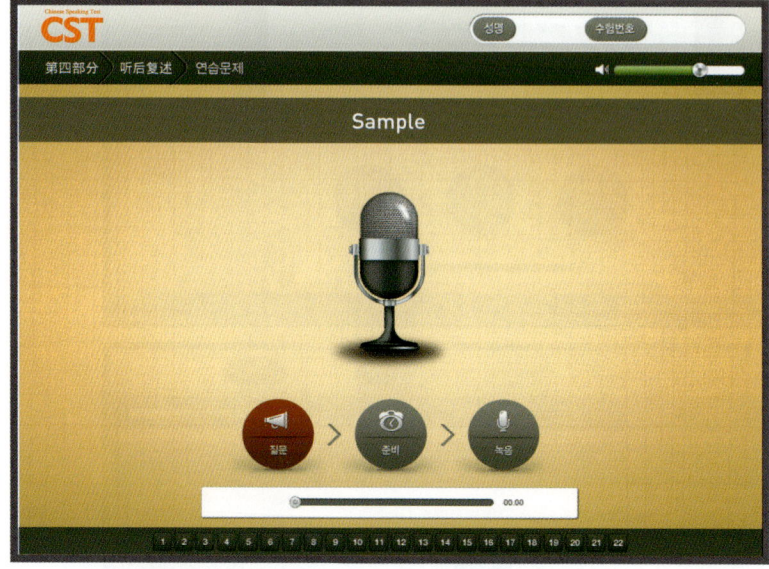

문제 : 小民现在上初一，他每天都很忙，早上8点出门，晚上10点才到家。因为他每天除了去学校上课以外，还要去各种各样的补习班，比如外语、电脑、钢琴、跆拳道什么的，他最大的愿望就是能好好睡上一觉。

1. 핵심 어휘 듣기

첫 번째 들을 때는 핵심 어휘를 기억하는 데 주력한다.

➡ 小民，上初一，每天很忙，早上8点出门，晚上10点到家，上课，补习班，外语，电脑，钢钢琴，跆拳道，愿望，好好睡上一觉

2. 녹음 전체 내용 파악하기

두 번째 들을 때는 핵심 어휘를 바탕으로 반드시 전체 내용을 파악하고 기억해야 한다.

➡ 小民现在上初一，他每天都很忙，早上8点出门，晚上10点才到家。因为他每天除了去学校上课以外，还要去各种各样的补习班，比如外语、电脑、钢琴、跆拳道什么的，他最大的愿望就是能好好睡上一觉。

해설

문제 小民现在上初一，他每天都很忙，早上8点出门，晚上10点才到家。因为他每天除了去学校上课以外，还要去各种各样的补习班，比如外语、电脑、钢琴、跆拳道什么的，他最大的愿望就是能好好睡上一觉。

샤오민은 중학교 1학년이에요. 매일 바쁜데, 아침 8시에 집을 나서고 저녁 10시가 되어야 돌아와요. 매일 학교에서 수업을 듣는 것 말고도 학원에 가서 외국어, 컴퓨터, 피아노, 태권도 등을 배워요. 샤오민의 가장 큰 바람은 한숨 푹 자는 거예요.

대답 ❶ 小民是一个初中生，他每天都很忙，要上各种各样的补习班，比如外语、电脑什么的，他真想好好睡一觉，休息休息。

샤오민은 중학생이에요. 외국어, 컴퓨터 등 각종 학원에 다녀서 매일 바빠요. 그는 정말 한숨 푹 자고 쉬고 싶어요.

❷ 上初一的学生小民每天忙得不得了了，早出晚归。不但要去学校上课，下课后还要急急忙忙地去各种补习班，学习外语、电脑、钢琴、跆拳道等等，他说自己最大的愿望就是能睡到自然醒。

중학교 1학년인 샤오민은 매일 정말 바빠서 아침에 일찍 나가서 밤늦게 돌아와요. 학교에서 수업을 들을 뿐 아니라 수업이 끝나면 또 서둘러 각종 학원에 가서 외국어, 컴퓨터, 피아노, 태권도 등을 배워요. 그는 가장 큰 바람이 저절로 깰 때까지 자는 거예요.

해설 샤오민의 하루 일과에 관한 내용이므로 시간과 활동 중심으로 잘 들어야 다시 말할 수 있다. 특히 '除了……以外，还要……' 부분과 '比如……什么的' 부분을 주의해서 잘 듣고 기억한다.

어휘 补习班 bǔxíbān 몡 보습 학원 ┃ 跆拳道 táiquándào 몡 태권도 ┃ 愿望 yuànwàng 몡 희망 ┃ 早出晚归 zǎo chū wǎn guī 솅 아침 일찍 나가서 밤늦게 돌아오다 ┃ 急急忙忙 jíjímángmáng 몡 서둘러 ┃ 醒 xǐng 통 (잠에서) 깨다

STEP ④ 학습 노하우

1. '듣기 → 말하기'의 반복 훈련이 중요하다

'듣기 → 핵심 어휘 받아쓰기 → 말하기'의 훈련은 듣기 능력 향상에 많은 도움이 된다. 하지만 실제 시험에서는 받아쓰기가 불가능하므로 평소 짧은 문장부터 듣고 핵심 내용을 기억해서 들은 그대로 말하는 연습을 하는 것이 좋다.

2. 핵심 어휘 중심으로 기억하자

전체적인 내용을 듣고 이해하여 기억하는 것이 가장 좋지만, 전체 내용을 모두 이해하기 힘들다면 핵심적인 어휘 중심으로 기억하도록 한다. 기억하는 핵심 어휘를 중심으로 연결하여 이야기하고, 들은 그대로 기억하기 힘들다면 자신에게 더 익숙한 같은 의미의 어휘로 대체하여 말한다.

제5부분 扩展回答
의견 말하기

STEP ① 문형 파악하기

문형	문형 내용	문제수	시험 시간
扩展回答 의견 말하기	일상생활·사회 관련 화제에 관해 자신의 의견을 논리적으로 말하기	4	준비 30초 대답 50초

제5부분은 질문에 관해 자신의 의견을 논리적으로 말하는 문제로, 총 4문제가 출제된다. 문제의 출제 범위는 취미, 업무, 쇼핑 등 일상생활과 취업, 노인문제, 소비, 흡연 등 사회 관련 화제이다. 중고급 시험에서는 초급 시험과는 달리 사회 관련 내용이 출제되는데, 제5부분에서도 두 문제가 해당된다. 따라서 중급자의 경우에는 사회 관련 화제에 관해 다소 어려움을 느낄 수 있지만, 시험 화면에 질문이 제시되므로 듣고 이해하지 못했을 때는 질문을 보고 다시 내용을 파악할 수 있다. 대답할 때는 먼저 자신의 의견을 밝힌 뒤, 뒷받침하는 이유나 근거를 제시해야 높은 점수를 얻을 수 있다.

STEP ② 문형 체험하기

第五部分
扩展回答

Chinese Speaking Test

각 문형에 대해
간략히 소개합니다.

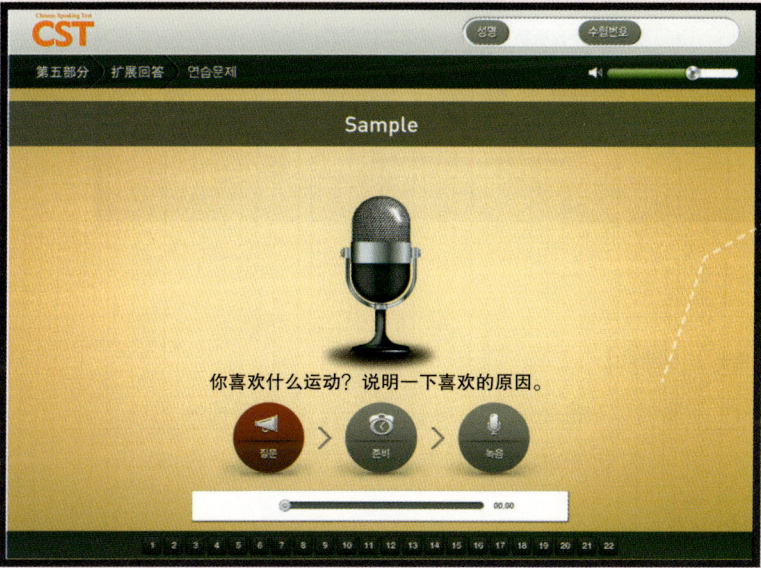

문형마다 1개의
연습문제를 제시합니다.
(주의 제5부분은 질문이
화면에 제시됩니다.)

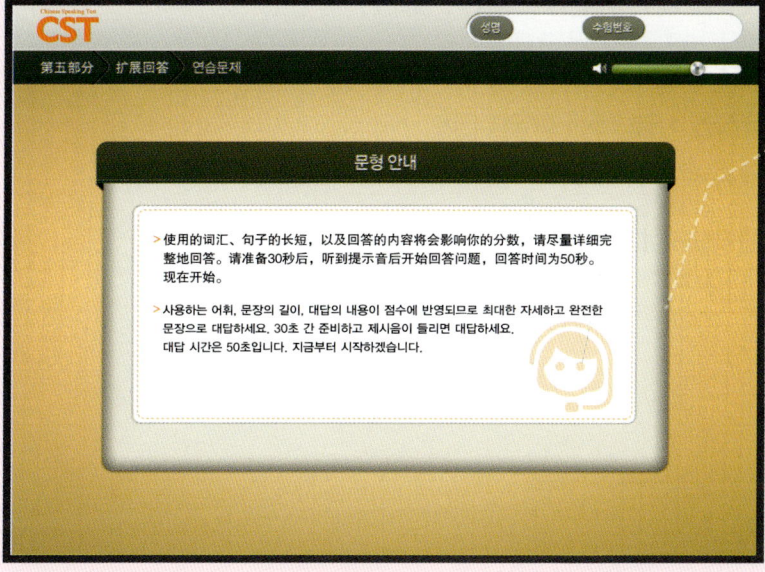

대답의 평가 기준과
준비·시험 시간을
안내합니다.

공략

1. 질문 내용 파악하기

'좋아하는 운동'과 '그 운동을 좋아하는 이유'를 함께 말해야 한다.

➡ 你喜欢什么运动？说明一下喜欢的原因。

2. 대답 활용 어휘 연상하기

➡ 喜欢，运动，羽毛球，出汗，舒服，有意思

3. 기초 대답 만들기

➡ 나의 의견 + 좋아하는 이유나 근거

➡ 我最喜欢打羽毛球。 + 会出很多汗，很舒服 +
　　　　　　의견　　　　　　　　　　　　　　　이유①
　　跟朋友一边打一边聊天。
　　　　이유②

해설

문제 你喜欢什么运动? 说明一下喜欢的原因。
당신은 어떤 운동을 좋아하세요? 그 이유를 말하세요.

대답 ❶ 我喜欢的运动很多，其中我最喜欢的是打羽毛球。我有时间的时候就会跟家人一起去打，我喜欢打羽毛球的原因有两个：一是会出很多汗，很舒服；二是可以跟朋友一边打一边聊天，很有意思。

나는 좋아하는 운동이 참 많아요. 그중 배드민턴을 가장 좋아해요. 시간이 날 때 가족들과 함께 배드민턴을 쳐요. 내가 배드민턴을 좋아하는 이유는 두 가지가 있어요. 첫 번째는 땀을 흘리면서 마음이 편안해지는 것을 느낄 수 있기 때문이고, 두 번째는 친구와 함께 배드민턴을 치면서 이야기 나누는 것이 재미있기 때문이에요.

❷ 我篮球、足球、羽毛球、游泳等运动都很喜欢，一有时间我就会自己或跟朋友一起去运动，其中我最常做的运动是打羽毛球，我喜欢打羽毛球，一是因为这是一项全身性运动，可以让全身都活动开来，强度不大也不小；二是因为它不一定需要专门的场地，随便一块空地就可以打；三是可以跟朋友一边打一边聊天，能增进朋友之间的感情。

나는 농구, 축구, 배드민턴, 수영 등의 운동을 모두 좋아해요. 시간이 나면 혼자서 혹은 친구와 함께 운동을 해요. 그중 가장 즐겨 하는 운동은 배드민턴이에요. 배드민턴을 좋아하는 첫 번째 이유는 전신 운동이라는 점이에요. 배드민턴은 온몸을 사용하고 강도가 크지도 작지도 않아요. 두 번째는 특별한 장소가 필요하지 않아 공터만 있으면 마음대로 칠 수 있다는 점이에요. 세 번째는 친구와 함께 이야기를 나누며 배드민턴을 치면 서로 간의 우정을 돈독히 할 수 있다는 점이에요.

해설 먼저 좋아하는 운동을 말한 뒤 좋아하는 이유에 대해 구체적인 예를 들어 설명하며 자신의 의견을 뒷받침한다. 좋아하는 이유, 장점이나 특징 등을 말할 때 단순히 내용을 나열하기보다는 '一是, 二是, 三是', '首先, 然后' 등의 표현을 써서 조리 있게 정리하며 말하는 것이 좋다.

어휘 羽毛球 yǔmáoqiú ⑲ 배드민턴 | 出汗 chū hàn ⑧ 땀이 나다 | 项 xiàng ⑳ 항목 | 全身 quánshēn ⑲ 전신 | 强度 qiángdù ⑲ 강도 | 专门 zhuānmén ⑬ 전문적이다 | 场地 chǎngdì ⑲ 장소, 운동장 | 随便 suíbiàn ⑨ 마음대로 | 空地 kòngdì ⑲ 공터 | 增进 zēngjìn ⑧ 증진하다 | 感情 gǎnqíng ⑲ 감정

STEP ④ 학습 노하우

1. 자신만의 대답 틀을 만들자

자신의 의견을 논리적으로 말하는 문제이므로 먼저 자신의 생각이 무엇인지 나타낸 뒤, 그것에 대해 뒷받침해주는 이유나 근거를 들어 설명하는 것이 좋다. 문제마다 활용할 수 있는 몇 가지 대답 틀을 만들어두면 실제 시험에서 유용하게 활용할 수 있다.

2. 주제별 어휘와 표현을 정리하자

비교적 폭넓은 범위에서 문제가 출제되므로 주제별로 주요 어휘와 표현을 미리 정리하고 익히도록 한다. 어휘나 표현마다 예문을 작성해서 연습하면 실제 시험에서 유용하게 쓸 수 있다.

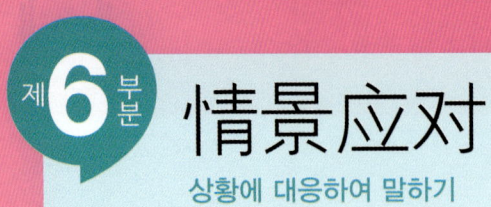

제6부분 情景应对
상황에 대응하여 말하기

STEP 1 문형 파악하기

문형	문형 내용	문제수	시험 시간
情景应对 상황에 대응하여 말하기	제시된 상황에 적절하게 대응하여 말하기	4	준비 30초 대답 50초

제6부분은 제시된 상황 설명을 듣고 그 상황에 적절하게 대응하여 대답하는 문제로, 총 4문제가 출제된다. 문제의 출제 범위는 약속, 주문, 사과, 격려, 부탁, 소개, 감사 등 일상생활에서 접할 수 있는 상황이다. 시험 화면에 그림과 문제가 함께 제시되므로, 질문을 잘 듣지 못했더라도 질문을 보고 내용을 파악할 수 있다. 단, 제6부분은 그림의 내용에 100% 의존해서 대답하는 것이 아니라 그림을 통해 문제의 상황을 파악하는 것이다. 질문에서 요구하는 내용에 적절한 대응책을 명확하게 제시해야 높은 점수를 얻을 수 있다.

STEP 2 문형 체험하기

각 문형에 대해
간략히 소개합니다.

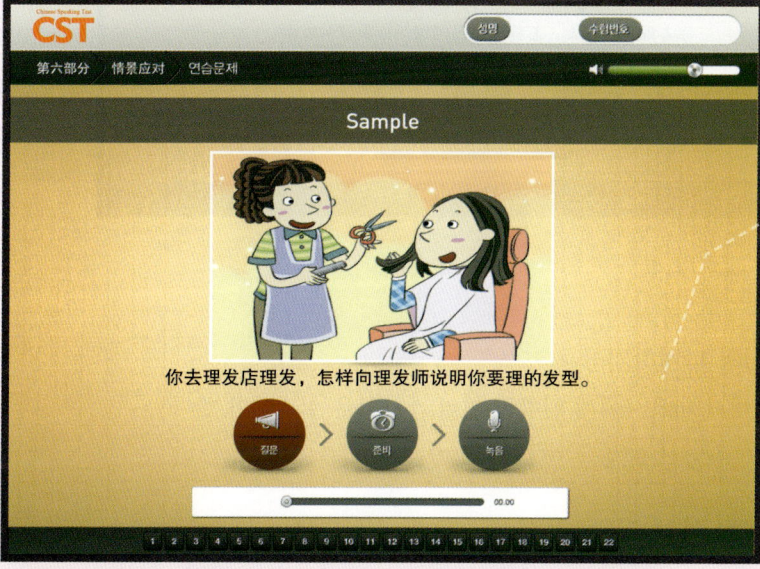

문형마다 1개의
연습문제를 제시합니다.
(주의 제6부분은 질문이
화면에 제시됩니다.)

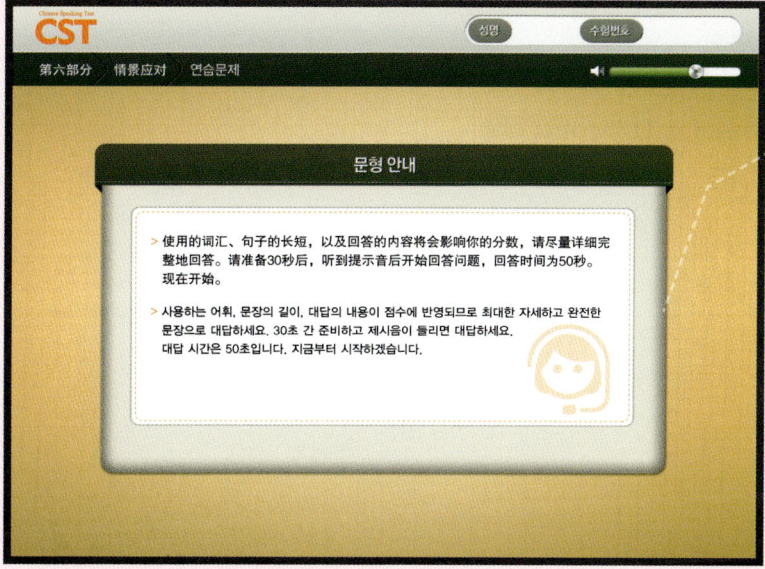

대답의 평가 기준과
준비·시험 시간을
안내합니다.

STEP ③ 문형 공략하기

연습문제

你去理发店理发，怎样向理发师说明你要理的发型。

공략

1. 질문 상황 파악하기

미용실에서 미용사에게 원하는 머리 스타일을 설명해야 한다.

➜ 你去理发店理发，怎样向理发师<u>说明</u>你要理的<u>发型</u>。

2. 대답 활용 어휘 연상하기

➜ 剪发，刘海儿，烫发，染发，短发，长发

3. 기초 대답 만들기

➜ 나의 의견 ＋ 머리 스타일 설명

➜ <u>我想把头发剪短。</u>＋ <u>我想要可爱型的。</u>＋ <u>我剪完后想烫一下。</u>
　　　의견　　　　　　　　설명①　　　　　　　설명②

해설

문제 你去理发店理发，怎样向理发师说明你要理的发型。

당신은 미용실에서 머리를 자르려고 해요. 미용사에게 당신이 원하는 머리 스타일을 설명하세요.

대답 ❶ 我想先把头发剪短，我的发型已经很久没变过了，所以这次想完全改变一下。想要那种可爱型的，前面有刘海儿，看起来脸能小一点，剪完后我还想烫一下。我常常来，请给我便宜一点儿。

우선 머리를 좀 짧게 자르고 싶어요. 지금 머리 스타일을 너무 오래 유지해서 완전히 다른 스타일을 해보고 싶어요. 귀여운 스타일로 하고 싶은데요. 앞머리를 자르면 얼굴이 작아 보일 것 같아요. 머리를 자르고 파마도 하고 싶어요. 자주 오니까 싸게 해 주세요.

❷ 我自己在网上查了几个发型存在手机里了，请您参考一下，我想理个短发，长发留太长时间了，有点腻了。这次我剪烫染都要做，烫不要太伤头发的，也不要价格太高的。染呢，我想染成金棕色，马上就到夏天了嘛，想要看起来干净利落的那种。如果我消费这么多的话，应该有优惠吧，请先介绍一下这个方面。

인터넷에서 머리 스타일 몇 개를 찾아 핸드폰에 저장해 왔는데요. 참고해 주세요. 머리를 짧게 자르고 싶어요. 긴 머리를 너무 오래해서 좀 지겹거든요. 이번에는 자르고 파마도 하고 염색도 할 거예요. 파마는 모발이 너무 손상되지 않게 해 주시고 너무 비싸지 않은 걸로 하고 싶어요. 염색은 골드 브라운으로 하고 싶어요. 곧 여름이 오니까 깔끔하고 산뜻하게 보이고 싶거든요. 이것저것 많이 하니까 할인해 주세요. 이 점들을 고려해서 소개해 주세요.

해설 머리를 자르려고 미용실에 간 상황이다. 먼저 미용사에게 원하는 머리 스타일을 간단하게 말한 뒤 바꾸고 싶은 이유, 머리를 자를 때 당부하고 싶은 말 등 구체적인 내용을 덧붙여 말하면 된다.

어휘 理发 lǐ fà 동 머리를 깎다 | 发型 fàxíng 명 머리 스타일 | 剪 jiǎn 동 자르다 | 改变 gǎibiàn 동 바꾸다 | 刘海儿 liúhǎir 명 짧은 앞머리 | 烫 tàng 동 파마하다 | 查 chá 동 조사하다 | 存 cún 동 저장하다 | 参考 cānkǎo 동 참고하다 | 腻 nì 형 싫증나다 | 染 rǎn 동 염색하다 | 伤 shāng 동 상하다 | 棕色 zōngsè 명 갈색 | 干净利落 gānjìng lìluo 형 깔끔하다, 산뜻하다 | 消费 xiāofèi 동 소비하다 | 优惠 yōuhuì 형 특혜의

STEP ④ 학습 노하우

1. 시간 안배도 능력이다

30초 동안 문제 상황을 파악하고 어떻게 대답할 것인가를 연상하여 50초의 대답 시간 동안 명확한 대응책을 제시해야 한다. 따라서 대답 시간을 효과적으로 안배하여 서론, 본론, 결론으로 구성하는 훈련이 필요하다.

2. 상대방에게 직접 이야기하듯이 자연스럽게 말하자

자신이 제시된 상황에 직접 처해있다고 가정하고, 그 상황을 해결하기 위해 상대방에게 이야기한다는 생각으로 최대한 자연스럽게 말해야 한다. 따라서 평소 회화 내용을 큰 소리로 실감나게 읽으며 연습하거나 여러 사람과 말하는 경험을 쌓는 것이 중요하다.

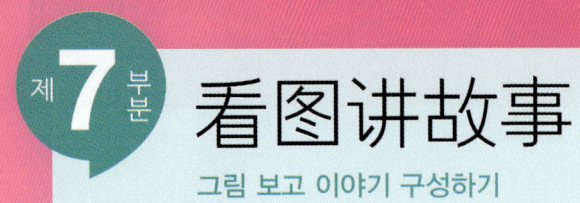

看图讲故事

제**7**부분

그림 보고 이야기 구성하기

STEP ① 문형 파악하기

문형	문형 내용	문제수	시험 시간
看图讲故事 그림 보고 이야기 구성하기	제시된 4컷의 그림을 보고 완전한 이야기로 구성하여 말하기	1	준비 50초 대답 60초

제7부분은 제시된 4컷의 그림을 보고 순서에 따라 이야기를 완성하는 문제로, 총 1문제가 출제된다. 문제의 출제 범위는 일상생활에서 겪을 수 있는 에피소드로 비교적 광범위하지만 그림의 전개를 살펴보면 추측 가능한 상황들이다. 대답은 4컷의 그림에 대한 내용이 포함되고 앞뒤의 상황이 자연스럽게 연결되어야 한다.

STEP ② 문형 체험하기

각 문형에 대해
간략히 소개합니다.

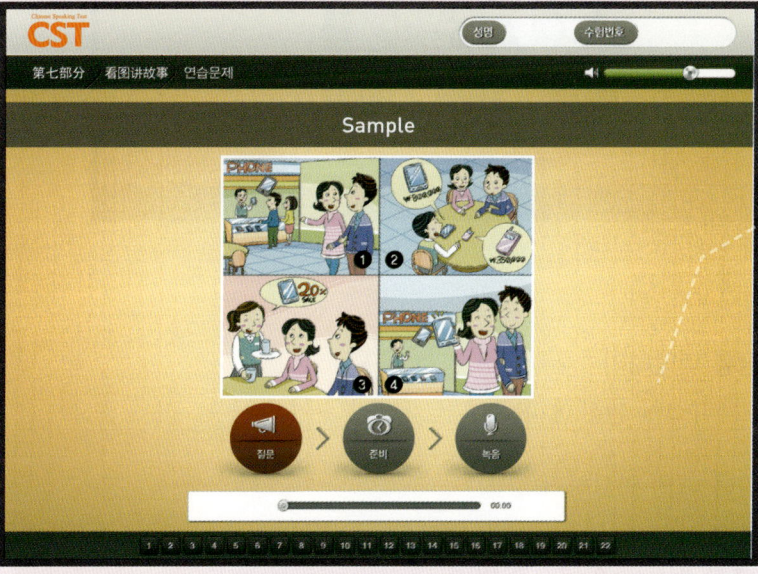

문형마다 1개의
연습문제를 제시합니다.

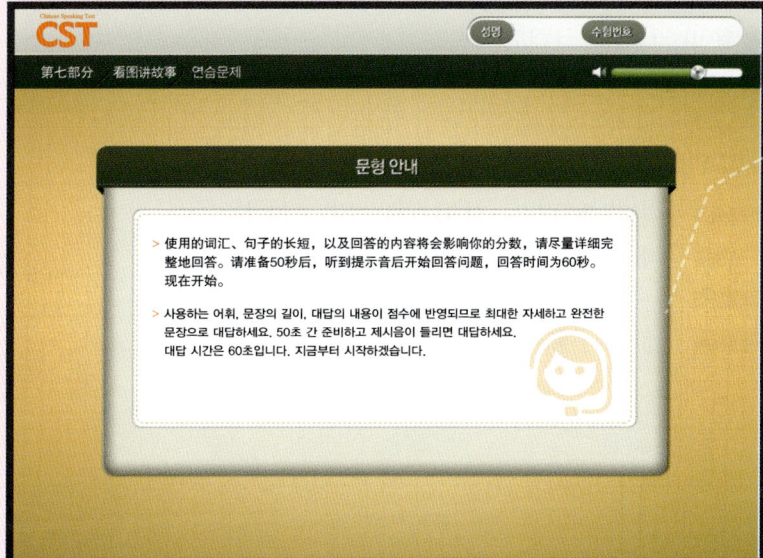

대답의 평가 기준과
준비·시험 시간을
안내합니다.

STEP ❸ 문형 공략하기

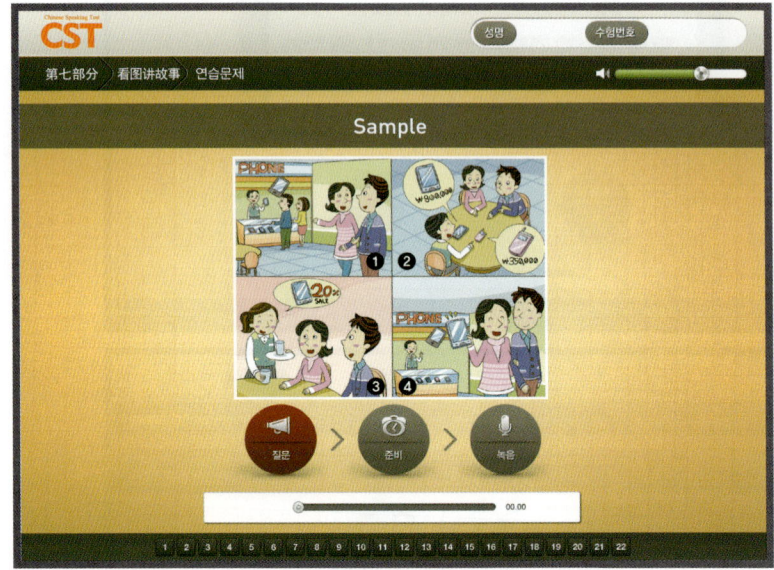

1. 그림 상황 파악하기

➜ 핸드폰 구매에 관한 에피소드

2. 대답 활용 어휘 연상하기

➜ 그림1 手机营业厅，一对男女朋友

그림2 营业员，介绍，手机

그림3 新出的手机，打折

그림4 买，新出的手机

3. 기초 대답 만들기(대답 제시 순서 연상하기)

➜ 시간 전개 1 手机营业厅里一对男女朋友走了进来。

시간 전개 2 营业员拿出两个手机给他们介绍。

시간 전개 3 另一个营业员告诉他们新出的手机今天打折。

시간 전개 4 他们买了新出的手机。

해설

문제 请根据图片的内容，讲述一个完整的故事。 그림의 내용에 따라 이야기를 완성하세요.

대답 ❶ 有几个人正在买手机，一对男女朋友走了进来。营业员拿出两个手机给他们介绍，一个是新出的，价格更高一点；另一个是很久以前出的，不过价格便宜。这时另一个营业员拿来两杯饮料，告诉他们新出的手机今天打折，于是他们就买了那个，高高兴兴地走了。

몇 사람이 핸드폰을 사고 있는데, 커플 한 쌍이 들어왔어요. 판매원은 핸드폰 두 개를 소개했어요. 하나는 최신 상품이고 가격이 조금 비싸요. 또 다른 하나는 출시한 지 오래됐지만 가격이 저렴해요. 이때 또 다른 판매원이 음료수 두 잔을 들고 오면서 오늘 최신 핸드폰을 할인해 준다는 사실을 알려줬어요. 그래서 그들은 그 핸드폰을 사고 기분 좋게 그곳을 떠났어요.

❷ 手机营业厅里有几个顾客正在挑选手机，一对恋人有说有笑地走了进来。年轻的营业员拿出两款手机推荐给他们：一个是最新款，网速更快，还有手写功能；另一个以前的老款，价格也相对优惠很多。他们想来想去、拿不定主意，此时另一个营业员给他们端来两杯饮料，并告诉他们那个新款手机今天打八折，性价比更高，于是他们便买下了那物美价廉的新款手机。

핸드폰 판매점 안에 손님 몇 명이 핸드폰을 고르고 있고, 커플 한 쌍이 웃으며 들어왔어요. 젊은 판매원이 핸드폰 두 종류를 추천했어요. 하나는 최신형으로 인터넷 속도가 빠르고 필기 기능이 있어요. 또 다른 하나는 구형 핸드폰이지만 할인이 많이 된 상품이에요. 그들은 고민하며 쉽게 결정을 내리지 못하고 있는데, 이때 또 다른 판매원이 음료수 두 잔을 주며 최신형 핸드폰이 오늘 20% 할인해서 성능 대비 가격이 좋다고 말했어요. 그래서 그들은 결국 물건도 좋고 값도 싼 최신형 핸드폰을 샀어요.

해설 그림에서 전개되는 상황을 보면 '① 커플이 핸드폰을 사러 옴 → ② 판매원이 두 종류의 핸드폰을 소개함 → ③ 최신 핸드폰은 할인 행사가 있음 → ④ 최신형 핸드폰을 구매함'의 내용으로 정리해 볼 수 있다.

어휘 挑选 tiāoxuǎn 图 고르다 | 推荐 tuījiàn 图 추천하다 | 款 kuǎn 图 스타일 | 网速 wǎngsù 인터넷 서버의 데이터 처리 속도(신조어) | 手写 shǒuxiě 图 손으로 쓰다 | 功能 gōngnéng 图 기능 | 相对 xiāngduì 图 상대적으로 | 拿定 nádìng 图 견지하다, 정하다 | 主意 zhǔyi 图 생각 | 此时 cǐshí 图 이때 | 端 duān 图 받쳐 들다 | 性价比 xìngjiàbǐ 图 가격대 성능비 | 物美价廉 wù měi jià lián 젤 상품의 질도 좋고 값도 저렴하다

STEP 4 학습 노하우

1. 4컷의 그림을 빠짐 없이 이야기하자

4컷의 그림이 제시되므로 다른 문제에 비해 상대적으로 부담을 느끼기 마련이지만, 우선 각 그림마다 간단하게라도 언급하여 이야기를 구성해야 한다. 내용 구성상 특히 많은 설명이 필요한 그림의 경우, 다른 그림보다 추가 설명을 덧붙여 말할 수 있으나, 제시된 그림 중 하나라도 빠뜨리면 높은 점수를 얻을 수 없다.

2. 연속성 있는 구성이 중요하다

그림을 연결하여 이야기로 구성하는 것이므로 그림 간의 연속성이 중요하다. 조리 있고 짜임새 있는 이야기가 되려면 연속성 있는 내용으로 구성해야 하고, 그림과 그림 사이에 적절한 접속사를 써서 말해야 한다.

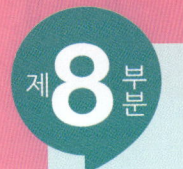

图表分析
도표 분석하여 말하기

STEP 1 문형 파악하기

문형	문형 내용	문제수	시험 시간
图表分析 도표 분석하여 말하기	도표를 보고 분석한 결과를 논리적으로 설명하기	1	준비 50초 대답 60초

제8부분은 제시된 도표를 보고 알 수 있는 사회현상을 간단히 분석하여 설명하는 문제로, 총 1문제가 출제된다. 문제의 출제 범위는 핸드폰 사용, 이혼 비율 증가, 인구 이동, 교통 문제 등 사회 관련 화제이다. 대답은 단순히 도표의 수치상의 결과만 말하는 것보다 도표의 결과가 나타난 원인과 해결책을 덧붙여 논리적으로 설명했을 때 높은 점수를 얻을 수 있다.

STEP 2 문형 체험하기

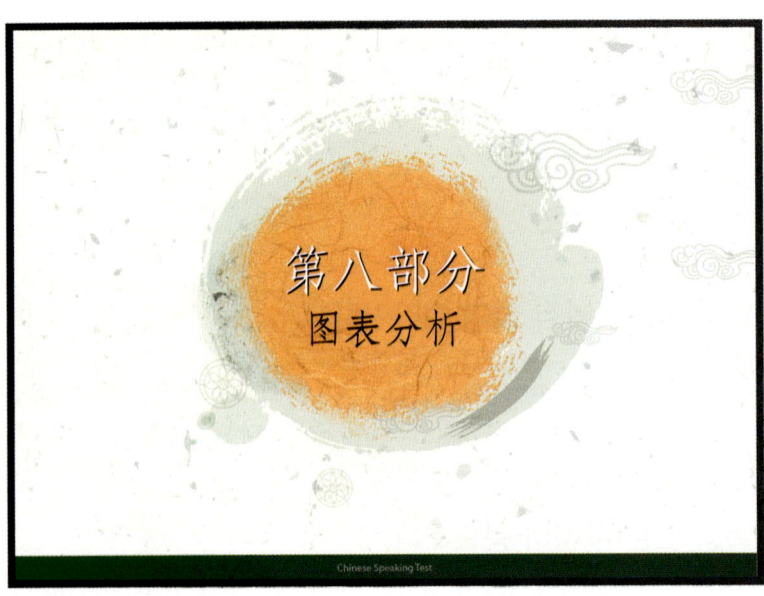

각 문형에 대해
간략히 소개합니다.

문형마다 1개의
연습문제를 제시합니다.
(주의 제8부분은 질문이
화면에 제시됩니다.)

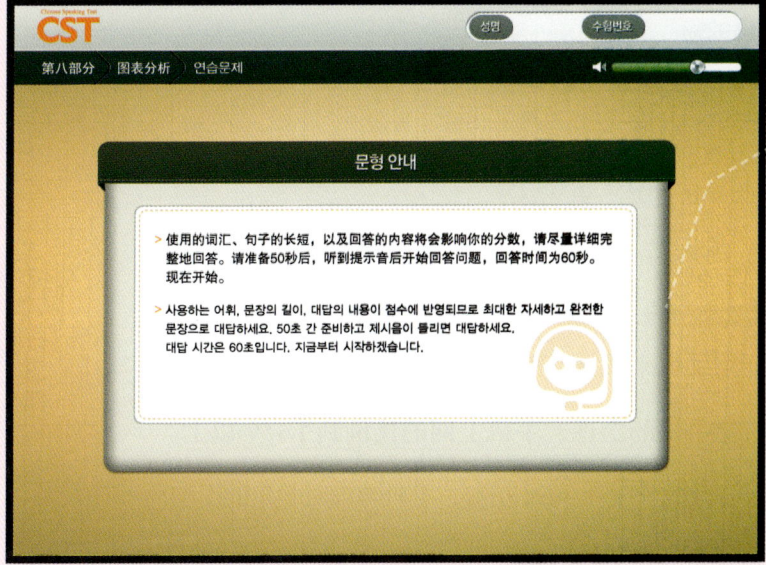

대답의 평가 기준과
준비·시험 시간을
안내합니다.

STEP ③ 문형 공략하기

연습문제

공략

1. 도표 전체 내용 파악하기

➡ 학생들의 핸드폰 사용 상황에 대한 조사 결과

2. 도표 세부 내용 파악하기

➡ 수치상의 결과

문자 메시지(42.69%) > 전화(32.16%) > 인터넷(15.79%) > 게임(6.43%) > 기타(2.92%)

➡ 도표를 통해 알 수 있는 내용
① 문자 메시지와 전화 사용의 비율이 높음
② 스마트폰으로 인해 인터넷 사용 비율도 늘어날 것으로 예상됨
③ 게임하는 비율은 높지 않음

3. 기초 대답 만들기

➡ 도표 전체 내용 + 세부 내용(원인이나 결과)

➡ 主要用手机来发短信、打电话。
　　　　　　　도표 전체 내용
　＋ 智能手机的出现，手机上网的比例到了15%以上。
　　　　　　　　　　세부 내용 ①
　＋ 玩游戏的学生比例5%左右，手机游戏对学生的影响还不算太大。
　　　　　　　　　　　　세부 내용 ②

해설

문제 请根据图表，说明一下学生的手机使用情况，并简单分析一下原因。

도표에 따라 학생들의 핸드폰 사용 상황을 설명하고 그 원인을 간단히 분석하세요.

대답 ❶ 从这个图表可以看出：这个学校的学生主要用手机来发短信、打电话。可能因为智能手机的出现，手机上网的比例也不低，到了15%以上。玩游戏的学生比例不大，5%左右，这说明手机游戏对学生的影响还不算太大。

이 도표를 통해 다음과 같은 사실을 알 수 있어요. 이 학교 학생들은 주로 문자 메시지를 보낼 때와 전화를 할 때 핸드폰을 사용해요. 아마 스마트폰의 출현으로 핸드폰으로 인터넷을 하는 비율도 15% 이상에 달해 낮지 않아요. 게임을 하는 학생의 비율은 5% 정도로 크지 않은데, 이는 핸드폰 게임이 학생들에게 미치는 영향이 아직 그다지 크지 않다는 것을 나타내요.

❷ 从这个图表我们清晰地看出：这个学校的学生主要用手机来发短信、打电话，可能因为短信的价格比较便宜，于是发短信的比例高于打电话十个百分点；用手机上网的学生比例达到15%以上，相信在未来这个比例还会增加，学生们会更多地用手机上网查资料；另外用手机玩游戏的人超过5%，玩游戏也有很多好处，可以缓解学习上的压力，但父母和老师一定要正确引导，防止孩子上瘾。

이 도표를 통해 다음과 같은 사실을 분명히 알 수 있어요. 이 학교 학생들은 주로 문자 메시지를 보낼 때와 전화를 할 때 핸드폰을 사용하는데, 아마도 문자 메시지를 보내는 가격이 비교적 저렴하기 때문에 문자 메시지를 보내는 비율이 전화를 하는 것보다 10% 높을 거예요. 핸드폰으로 인터넷을 하는 학생의 비율은 15% 이상인데, 조만간 이 비율은 더 증가하여 학생들은 핸드폰으로 인터넷 자료 검색을 더 많이 하게 될 거예요. 그밖에 핸드폰으로 게임을 하는 학생은 5%를 넘었어요. 핸드폰 게임은 많은 장점이 있고 학업에서의 스트레스를 완화할 수 있지만, 부모와 교사는 반드시 올바르게 지도하여 아이들이 중독되는 것을 방지해야 해요.

해설 학생들의 핸드폰 사용 상황에 관한 도표를 분석해야 한다. 우선 전체적으로 사용 목적에 관한 비율을 확인하고 그중 두드러진 비율에 관하여 그 원인을 파악하여 말한다. 더불어 이러한 결과가 나타난 원인, 해결책, 전망 등을 덧붙여 말한다.

어휘 短信 duǎnxìn 몡 문자 메시지 | 智能手机 zhìnéng shǒujī 몡 스마트폰 | 上网 shàng wǎng 통 인터넷을 하다 | 比例 bǐlì 몡 비율, 비중 | 影响 yǐngxiǎng 통 영향을 주다 | 不算 búsuàn 통 ~한 편은 아니다 | 百分点 bǎifēndiǎn 몡 퍼센트 | 未来 wèilái 몡 조만간 | 增加 zēngjiā 통 증가하다, 더하다 | 资料 zīliào 몡 자료 | 超过 chāoguò 통 초과하다, 넘다 | 缓解 huǎnjiě 통 완화시키다, 개선시키다 | 压力 yālì 몡 스트레스 | 正确 zhèngquè 휑 정확하다, 올바르다 | 引导 yǐndǎo 통 인도하다, 이끌다 | 防止 fángzhǐ 통 방지하다 | 上瘾 shàng yǐn 통 중독되다

STEP ④ 학습 노하우

1. 도표 관련 어휘와 표현을 미리 익히자

도표 관련 어휘와 표현을 활용하여 말하면 더 조리 있고 논리적으로 내용을 전달할 수 있으므로, 평소 백분율이나 수치의 증가·감소에 관한 표현법을 미리 익혀 둔다.

2. 도표를 읽는 눈을 기르자

도표를 분석하는 문제 유형은 평소 자주 접하는 유형이 아니며 도표의 형태도 다양하기 때문에, 미리 훈련이 되어 있지 않으면 수치상의 결과만 파악하기도 힘들다. 따라서 도표를 준비 시간 동안 빠른 속도로 분석하기 위해서는 여러 형태의 도표를 평소 자주 접하면서 도표를 읽는 눈을 길러야 한다.

CST
실전 모의고사
1세트

새로운 시작! 단 하나의
수준별 중국어 말하기 응용 능력 시험

CST 중국어말하기
응용능력시험
汉语口语应用能力考试

第一部分：基本问答

3

1 set

第二部分:朗读

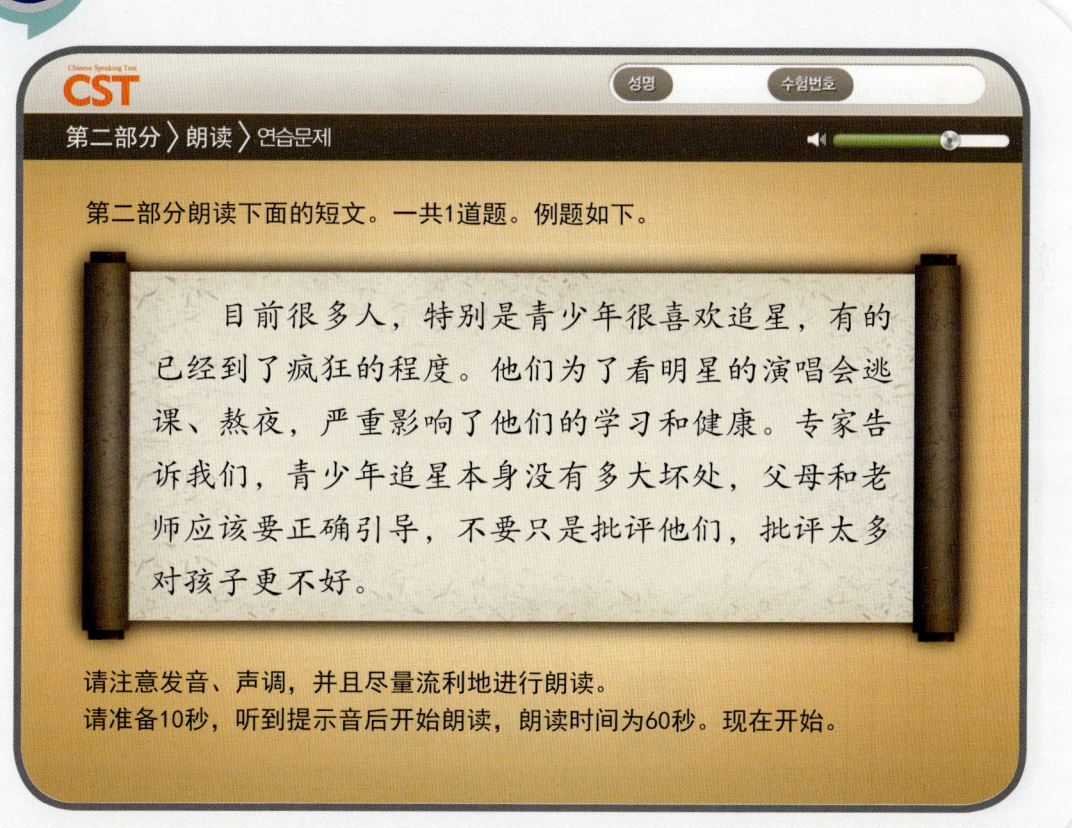

CST

성명　　　　수험번호

第二部分 〉 朗读 〉 연습문제

第二部分朗读下面的短文。一共1道题。例题如下。

> 目前很多人,特别是青少年很喜欢追星,有的已经到了疯狂的程度。他们为了看明星的演唱会逃课、熬夜,严重影响了他们的学习和健康。专家告诉我们,青少年追星本身没有多大坏处,父母和老师应该要正确引导,不要只是批评他们,批评太多对孩子更不好。

请注意发音、声调,并且尽量流利地进行朗读。
请准备10秒,听到提示音后开始朗读,朗读时间为60秒。现在开始。

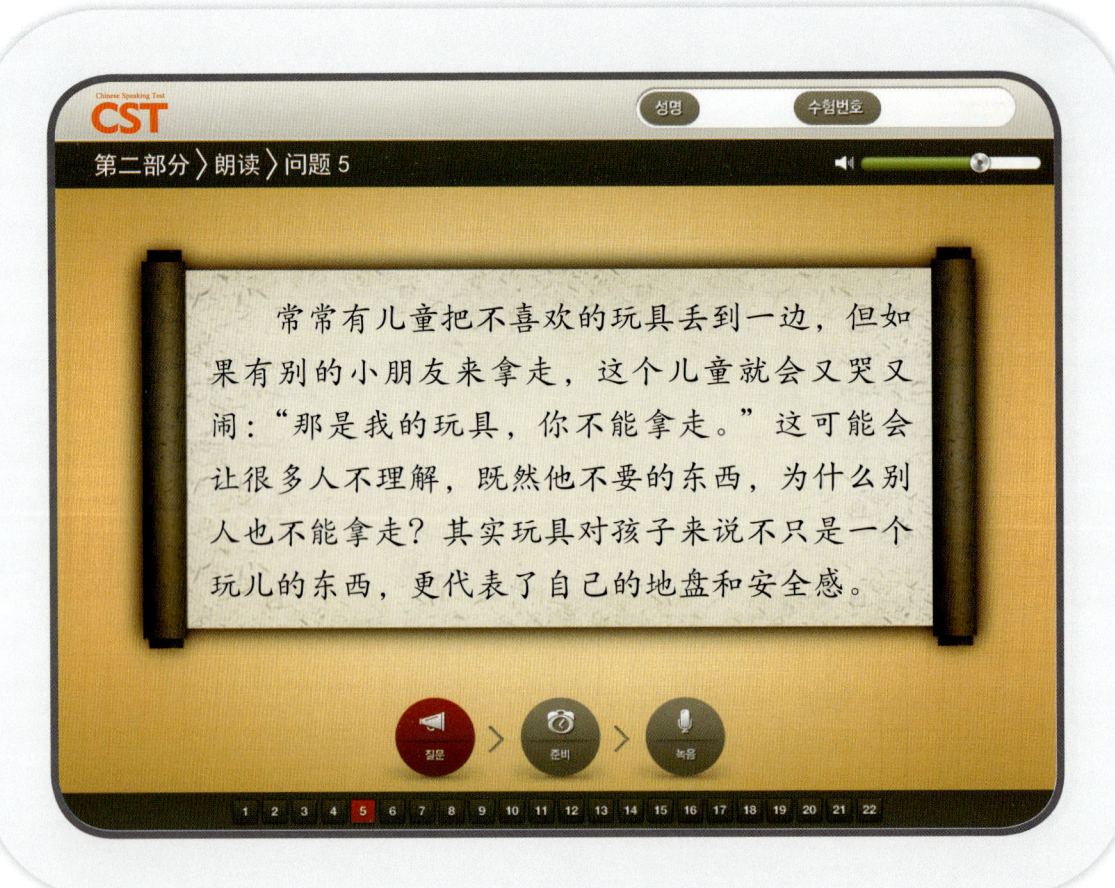

常常有儿童把不喜欢的玩具丢到一边，但如果有别的小朋友来拿走，这个儿童就会又哭又闹："那是我的玩具，你不能拿走。"这可能会让很多人不理解，既然他不要的东西，为什么别人也不能拿走？其实玩具对孩子来说不只是一个玩儿的东西，更代表了自己的地盘和安全感。

第三部分:看图回答

연습
문제

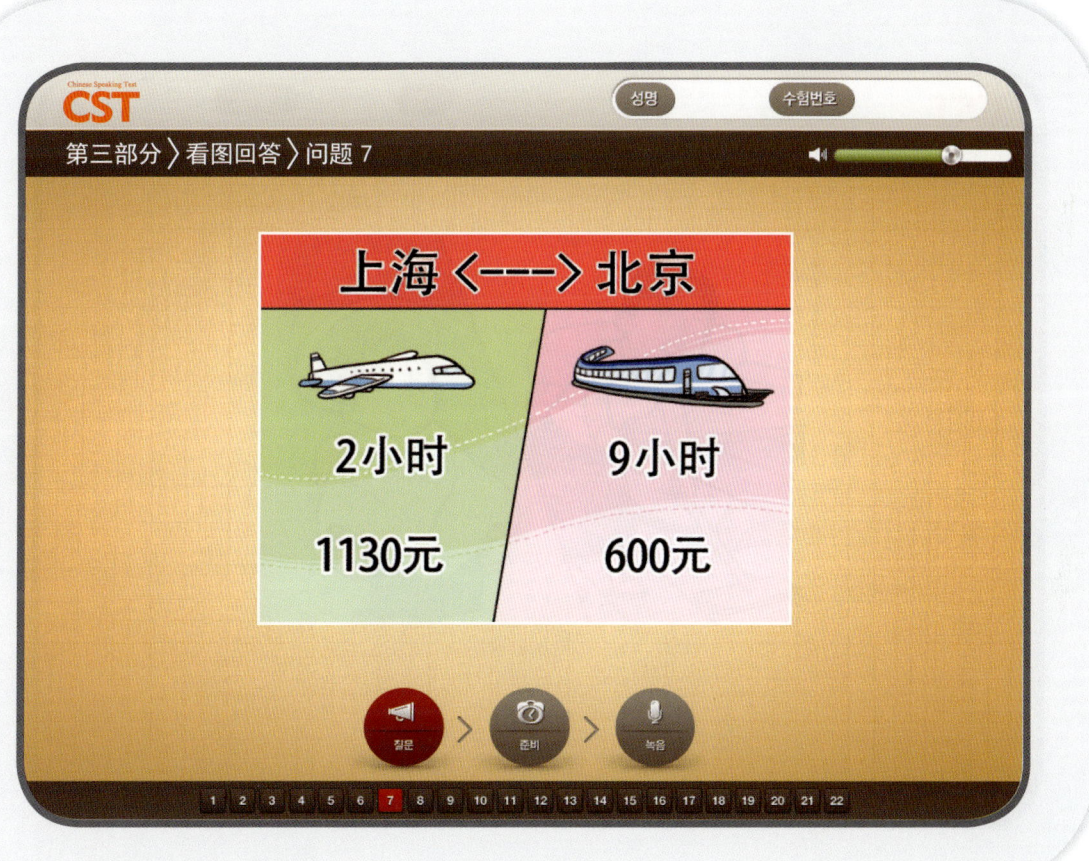

第四部分:听后复述

第四部分 〉听后复述 〉연습문제

第四部分把听到的内容复述出来。一共2道题。每题听两次。例题如下。

请注意，只需复述内容，不能表达自己的意见。请准备20秒后，听到提示音后开始回答问题，回答时间为30秒。现在开始。

第五部分:扩展回答

연습
문제

第五部分 〉扩展回答 〉问题 13

你最想做什么方面的工作，为什么？

介绍一件你最难忘的事。

第六部分:情景应对

연습
문제

第六部分根据下面假设的情景，作出恰当的应对。一共4道题。例题如下。

你去理发店理发，怎样向理发师说明你要理的发型。

使用的词汇、句子的长短，以及回答的内容将会影响你的分数，请尽量详细完整地回答。请准备30秒后，听到提示音后开始回答问题，回答时间为50秒。现在开始。

성명　　　수험번호

CST
Chinese Speaking Test

饭馆

你昨天去了一家饭馆很满意，请你把它推荐给你的朋友。

질문 〉 준비 〉 녹음

1　2　3　4　5　6　7　8　9　10　11　12　13　14　15　16　**17**　18　19　20　21　22

你暑假想去中国旅行，但是妈妈想让你去补习班学习，
请你想办法说服妈妈。

질문 > 준비 > 녹음

1 2 3 4 5 6 7 8 9 10 11 12 13 14 15 16 17 **18** 19 20 21 22

第六部分 〉情景应对 〉问题 20

你到了公司发现把重要的文件忘在家里了，你想让弟弟送到公司，请你给他打电话说明情况。

질문 〉 준비 〉 녹음

1 2 3 4 5 6 7 8 9 10 11 12 13 14 15 16 17 18 19 20 21 22

第七部分:看图讲故事

연습
문제

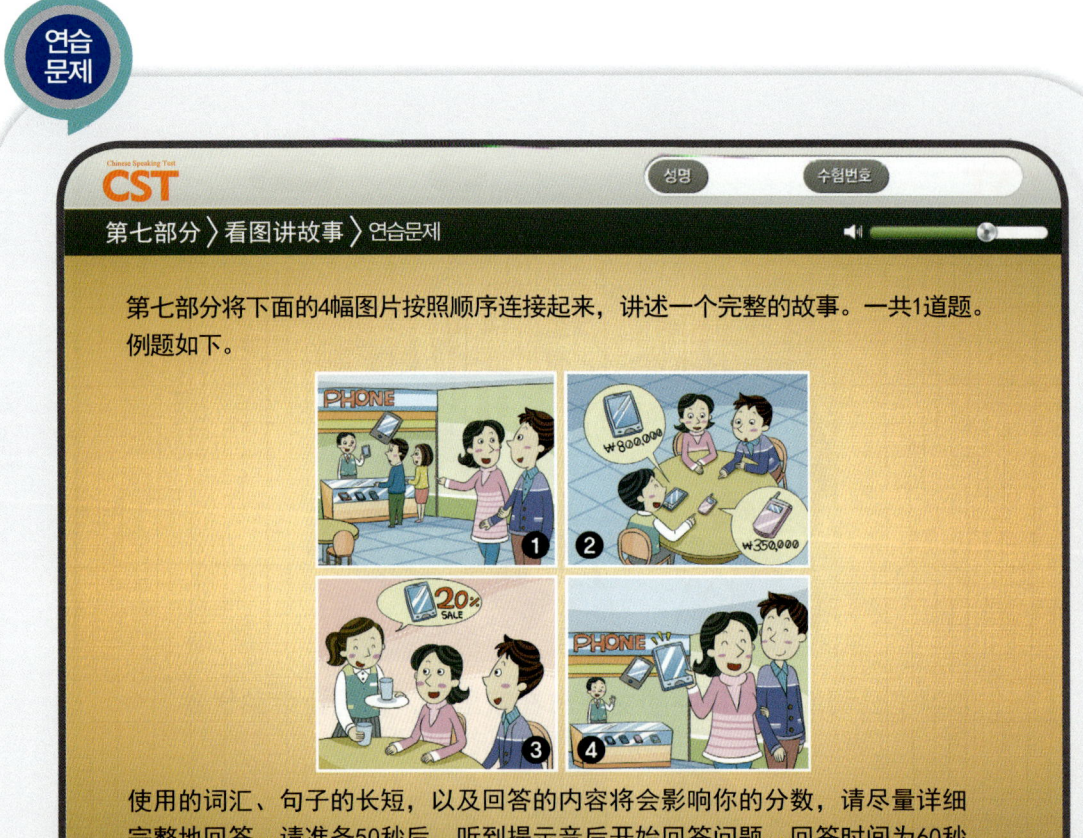

第七部分将下面的4幅图片按照顺序连接起来，讲述一个完整的故事。一共1道题。例题如下。

使用的词汇、句子的长短，以及回答的内容将会影响你的分数，请尽量详细完整地回答。请准备50秒后，听到提示音后开始回答问题，回答时间为60秒。现在开始。

第八部分:图表分析

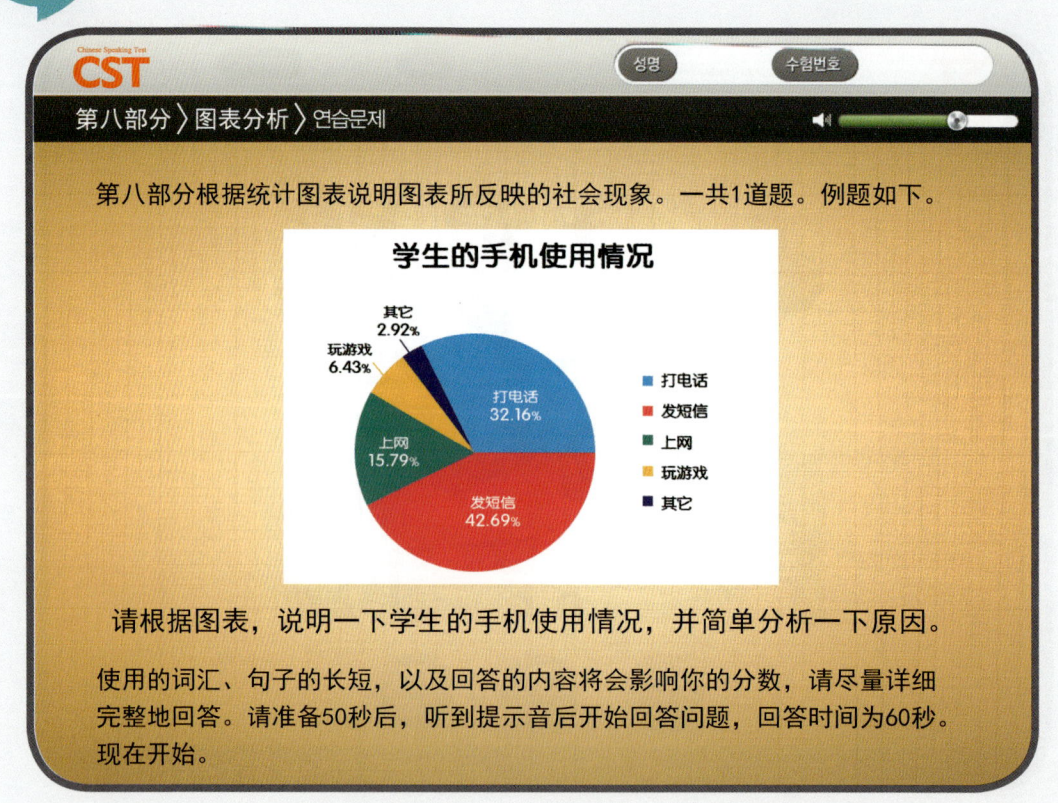

第八部分根据统计图表说明图表所反映的社会现象。一共1道题。例题如下。

学生的手机使用情况

- 其它 2.92%
- 玩游戏 6.43%
- 上网 15.79%
- 打电话 32.16%
- 发短信 42.69%

图例：
- 打电话
- 发短信
- 上网
- 玩游戏
- 其它

请根据图表，说明一下学生的手机使用情况，并简单分析一下原因。

使用的词汇、句子的长短，以及回答的内容将会影响你的分数，请尽量详细完整地回答。请准备50秒后，听到提示音后开始回答问题，回答时间为60秒。现在开始。

성명　　수험번호

公司招聘人才时看重的因素

因素	比例
人品	40%
学历	15%
长相	20%
兴趣	20%
经验	7%

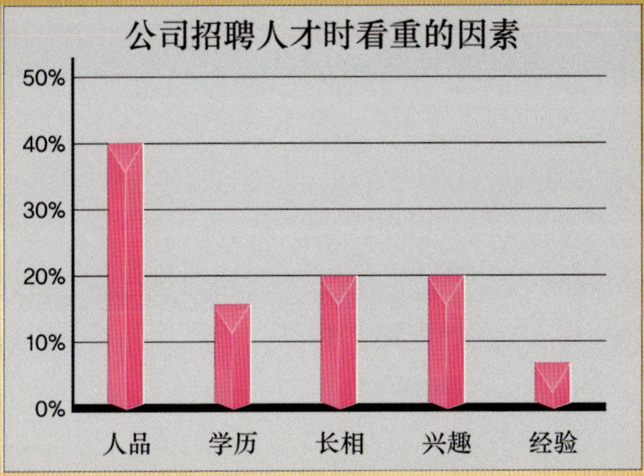

请根据图表，说明一下这个公司在招聘上有什么要求，
并简单分析一下原因。

질문 〉 준비 〉 녹음

1 2 3 4 5 6 7 8 9 10 11 12 13 14 15 16 17 18 19 20 21 **22**

종료 안내

CST
Chinese Speaking Test

> 시험이 종료되었습니다.
> 착용하신 헤드셋은 정위치에 놓아 주시고, 개인 소지품을 확인하신 뒤
  퇴실하여 주시기 바랍니다.

수고하셨습니다.

Chinese Speaking Test

CST

실전 모의고사
2세트

새로운 시작! 단 하나의
수준별 중국어 말하기 응용 능력 시험

第一部分:基本问答

第一部分 〉基本问答 〉问题 1

1 2 3 4 5 6 7 8 9 10 11 12 13 14 15 16 17 18 19 20 21 22

第一部分 〉基本问答 〉问题 4

1 2 3 **4** 5 6 7 8 9 10 11 12 13 14 15 16 17 18 19 20 21 22

第二部分:朗读

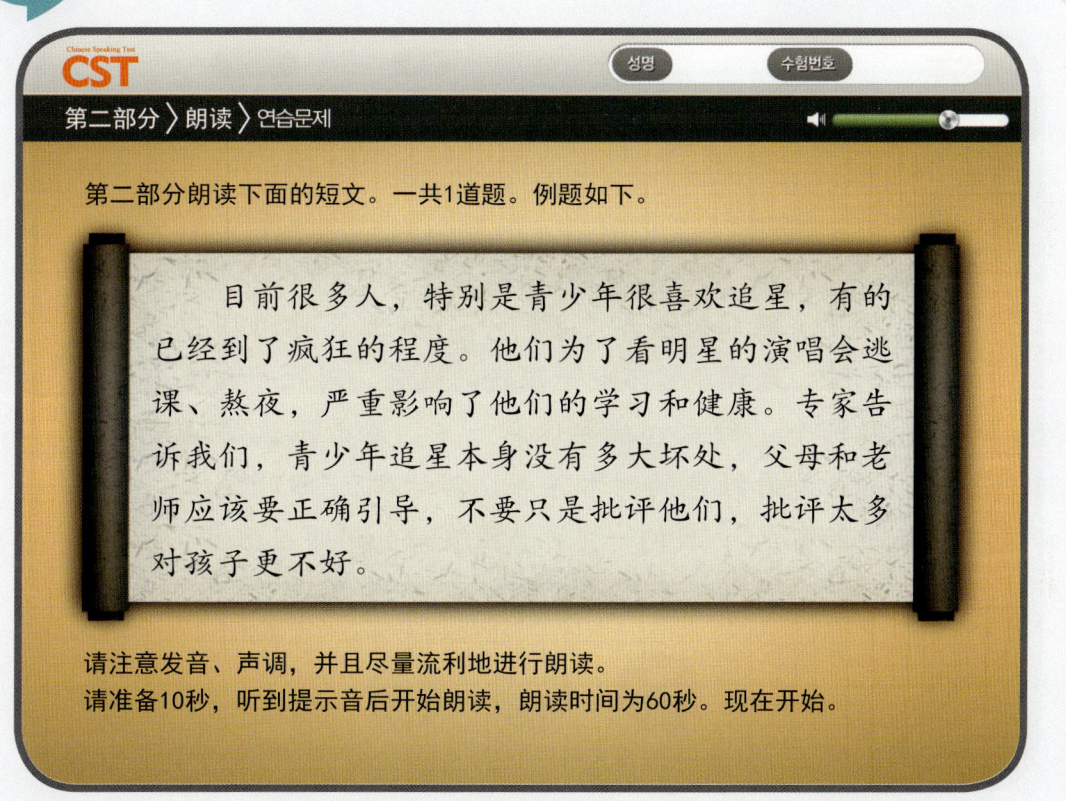

第二部分朗读下面的短文。一共1道题。例题如下。

　　目前很多人，特别是青少年很喜欢追星，有的已经到了疯狂的程度。他们为了看明星的演唱会逃课、熬夜，严重影响了他们的学习和健康。专家告诉我们，青少年追星本身没有多大坏处，父母和老师应该要正确引导，不要只是批评他们，批评太多对孩子更不好。

请注意发音、声调，并且尽量流利地进行朗读。
请准备10秒，听到提示音后开始朗读，朗读时间为60秒。现在开始。

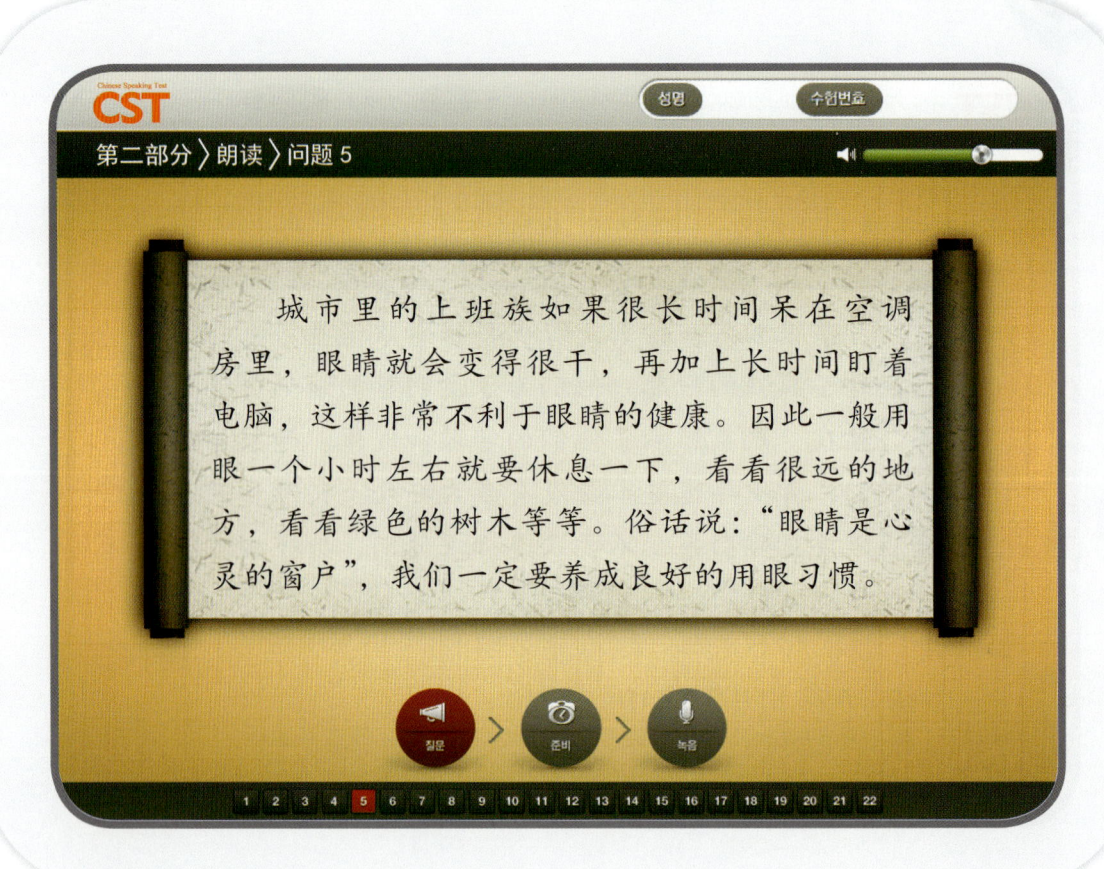

第三部分:看图回答

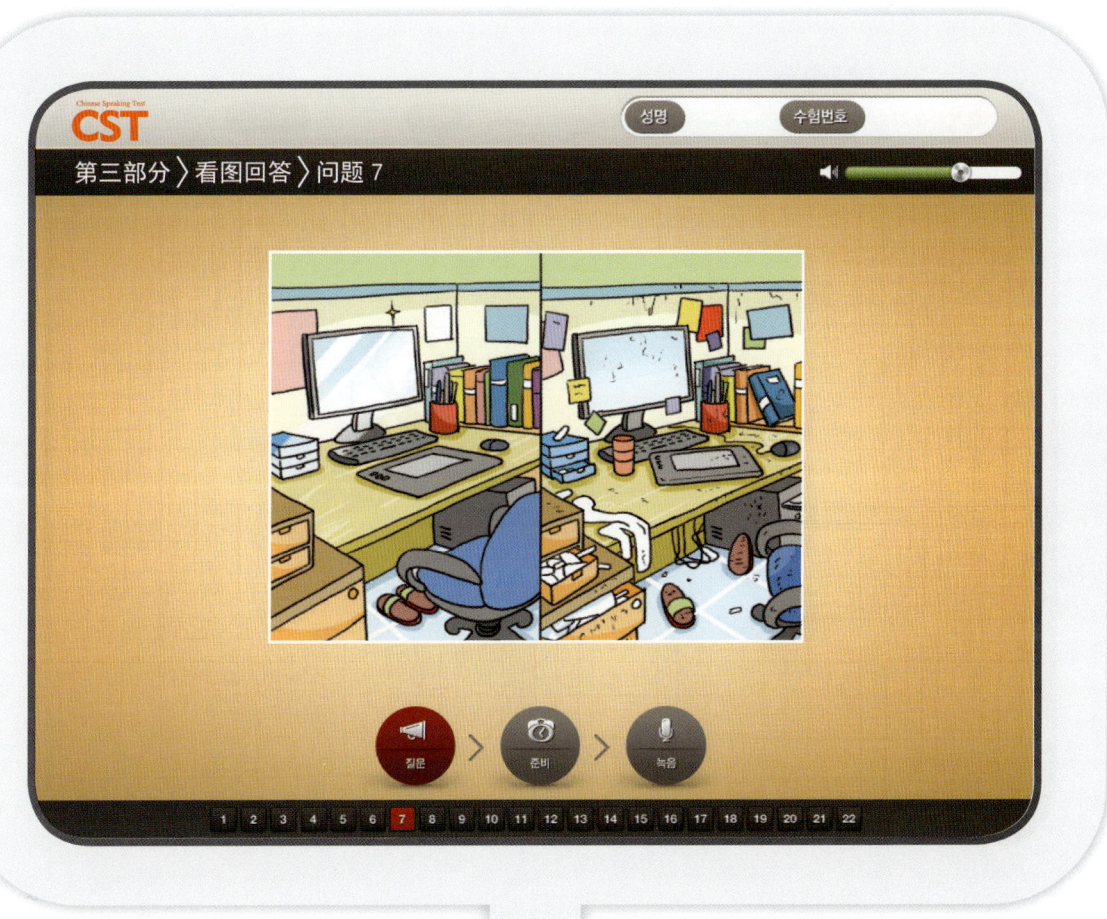

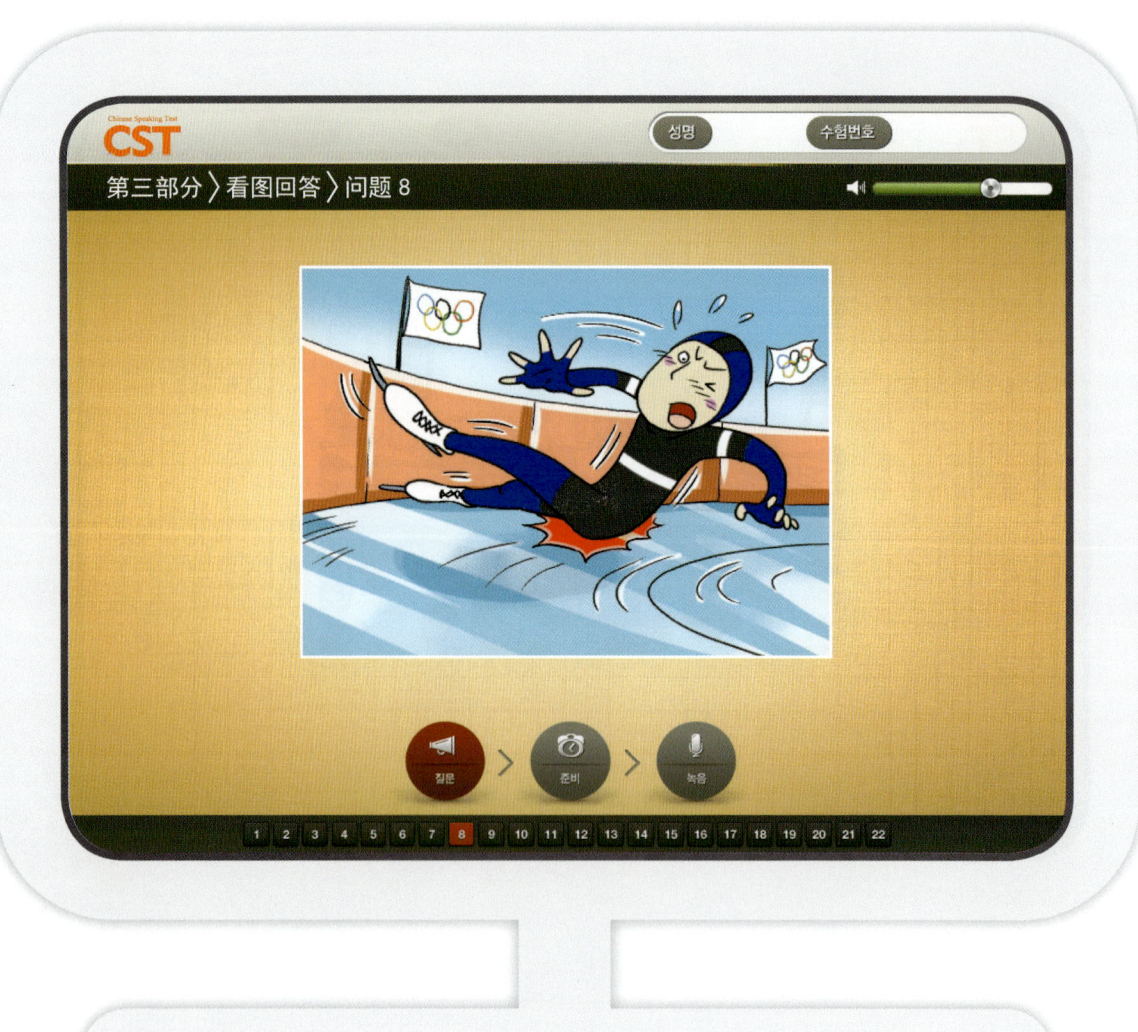

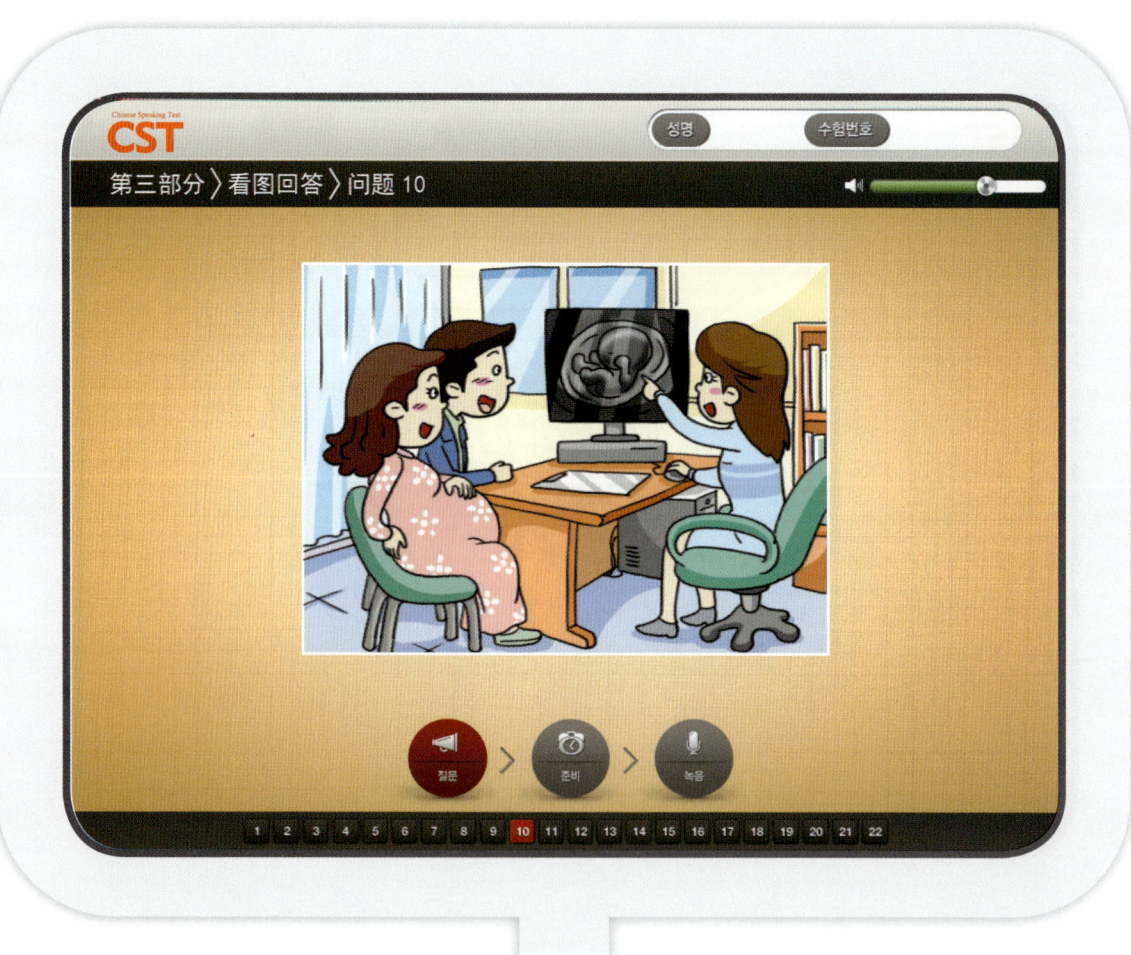

第四部分:听后复述

연습
문제

第四部分 〉 听后复述 〉 问题 11

第五部分:扩展回答

연습
문제

2 set

CST
Chinese Speaking Test

성명　　　수험번호

第五部分 〉扩展回答 〉问题 15

最近中国很流行"大学无用论"，很多人认为上大学无用，你怎么看？

질문 〉 준비 〉 녹음

1　2　3　4　5　6　7　8　9　10　11　12　13　14　15　16　17　18　19　20　21　22

第六部分：情景应对

CST Chinese Speaking Tool

성명　　　수험번호

第六部分 〉 情景应对 〉 연습문제

第六部分根据下面假设的情景，作出恰当的应对。一共4道题。例题如下。

你去理发店理发，怎样向理发师说明你要理的发型。

使用的词汇、句子的长短，以及回答的内容将会影响你的分数，请尽量详细完整地回答。请准备30秒后，听到提示音后开始回答问题，回答时间为50秒。现在开始。

你正在参加辩论赛，对方的观点是大学生不应该打工，
应该集中学习，请你对这一观点进行反驳。

你是某公司的老板，最近公司里两位同事闹了矛盾，
互相不说话，请你想办法劝一下她们。

질문 〉 준비 〉 녹음

1 2 3 4 5 6 7 8 9 10 11 12 13 14 15 16 17 18 19 **20** 21 22

第七部分:看图讲故事

연습
문제

第八部分:图表分析

연습
문제

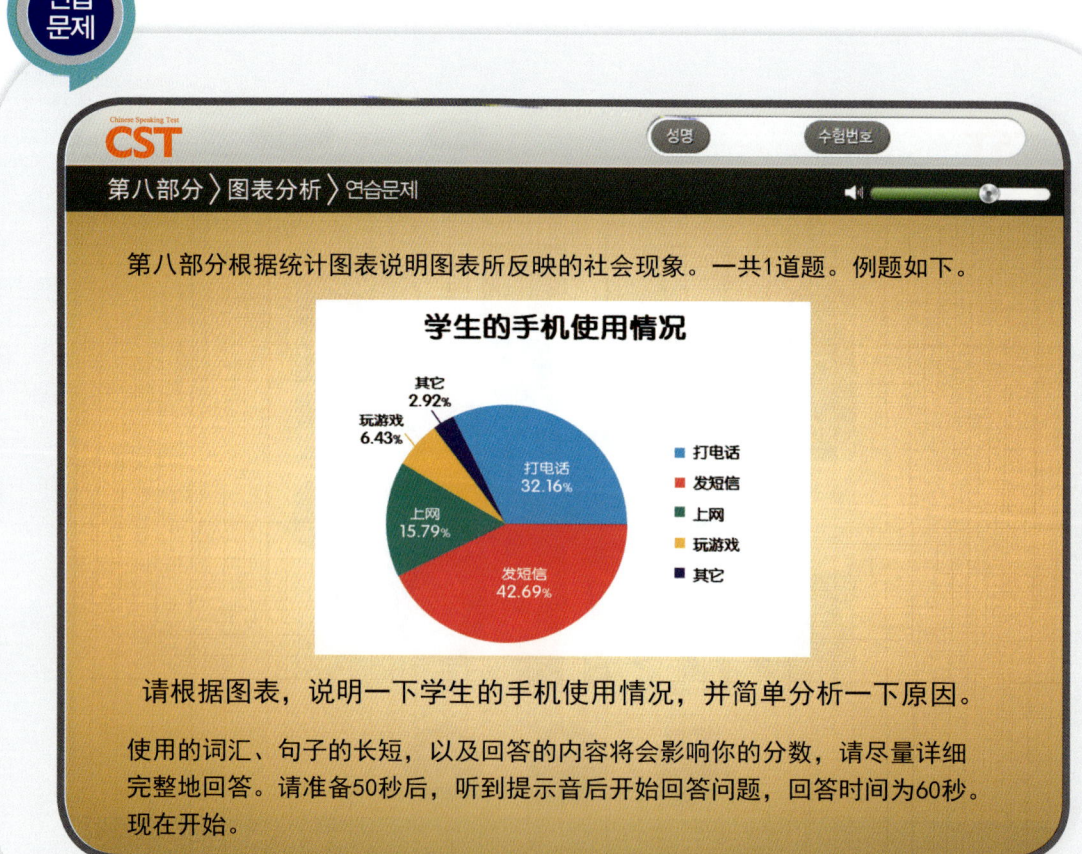

CST

성명 　　　수험번호

第八部分 〉图表分析 〉연습문제

第八部分根据统计图表说明图表所反映的社会现象。一共1道题。例题如下。

学生的手机使用情况

- 其它 2.92%
- 玩游戏 6.43%
- 上网 15.79%
- 打电话 32.16%
- 发短信 42.69%

■ 打电话
■ 发短信
■ 上网
■ 玩游戏
■ 其它

请根据图表，说明一下学生的手机使用情况，并简单分析一下原因。

使用的词汇、句子的长短，以及回答的内容将会影响你的分数，请尽量详细完整地回答。请准备50秒后，听到提示音后开始回答问题，回答时间为60秒。现在开始。

第八部分 〉图表分析 〉问题 22

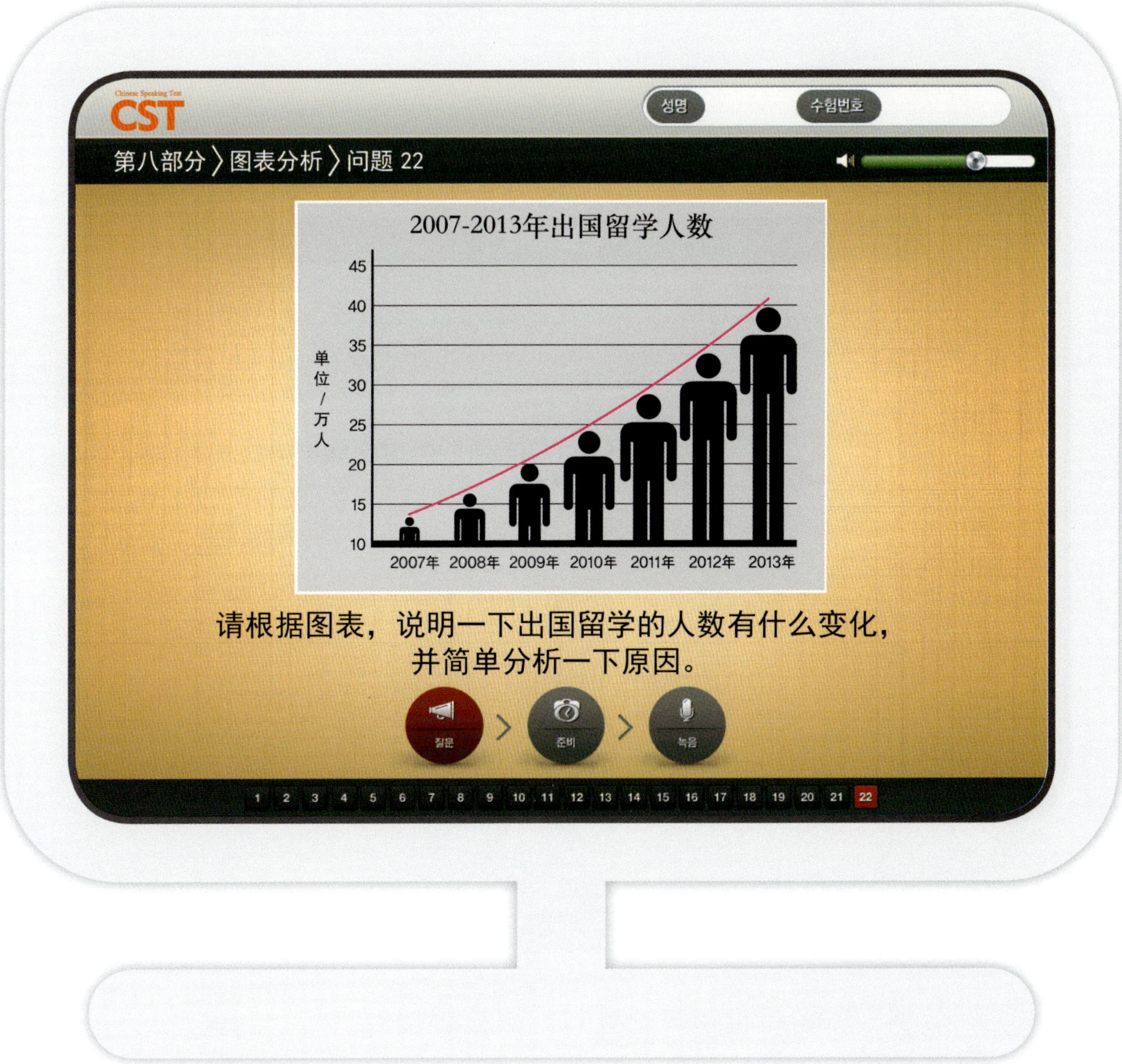

2007-2013年出国留学人数

单位／万人

45						
40						
35						
30						
25						
20						
15						
10						

2007年　2008年　2009年　2010年　2011年　2012年　2013年

请根据图表，说明一下出国留学的人数有什么变化，
并简单分析一下原因。

질문 〉 준비 〉 녹음

1 2 3 4 5 6 7 8 9 10 11 12 13 14 15 16 17 18 19 20 21 **22**

CST
정답 및 해설

★ 실전 모의고사 1세트
★ 실전 모의고사 2세트

제1부분 기본 질문 대답하기

 1_01

1 你有兄弟姐妹吗?

당신은 형제자매가 있나요?

대답

❶ 我有一个弟弟。/ 我没有兄弟姐妹。

나는 남동생이 한 명 있어요. / 나는 형제자매가 없어요.

❷ 我只有一个弟弟，他今年上初一。/ 我是独生子，没有兄弟姐妹。

나는 남동생이 한 명 있는데 올해 중학교 1학년이에요. / 나는 외아들이라 형제자매가 없어요.

해설

형제자매에 대해 묻고 있으므로 자신의 형제자매 관계와 인원을 함께 말하면 된다. 이때 본인의 형제나 자매의 나이, 직업 등도 덧붙여 말할 수 있다.

어휘

独生子 dúshēngzǐ 명 외아들

 1_02

2 你觉得学汉语有意思吗?

당신은 중국어를 배우는 게 재미있나요?

대답

❶ 我觉得学汉语很有意思。

중국어 배우는 게 재미있어요.

❷ 我觉得学汉语很有意思，特别是汉语有声调，声调变了意思就变了，很有意思。

중국어 배우는 게 재미있어요. 특히 중국어는 성조가 있는데, 성조가 변하면 뜻도 변하는 게 재미있어요.

해설

중국어 공부에 대해 재미있는지 재미없는지 말하고, 특히 어떤 부분에 대해 그렇게 생각하는지 덧붙여 말할 수 있다.

3 你喜欢喝咖啡吗?

당신은 커피를 즐겨 마시나요?

대답

❶ 我喜欢喝咖啡。/ 我不喜欢喝咖啡。

나는 커피를 즐겨 마셔요. / 나는 커피를 즐겨 마시지 않아요.

❷ 我非常喜欢喝咖啡，每天早上都喝一杯。/ 我从来不喝咖啡，我更喜欢喝茶。

나는 커피 마시는 것을 매우 좋아해서 매일 아침 한 잔씩 마셔요. / 나는 이제까지 커피를 마셔 본 적이 없어요. 나는 차 마시는 것을 더 좋아해요.

해설

평소 본인의 습관을 바탕으로 커피를 즐겨 마시는지에 대해 말한다. 즐겨 마신다면 얼마나 마시는지, 즐겨 마시지 않는다면 어떤 음료를 좋아하는지 덧붙여 말할 수 있다.

4 你明天要做什么?

당신은 내일 무엇을 하나요?

대답

❶ 我明天要见朋友。

나는 내일 친구를 만날 거예요.

❷ 我明天要见几个老朋友，然后一起去逛街。

나는 내일 옛 친구 몇 명을 만나서 쇼핑하러 갈 거예요.

해설

내일 계획에 대해 묻고 있으므로 내일 누구와 어디서 무엇을 할 것인지 대상, 장소, 동작 등에 맞춰 말하면 된다.

어휘

逛街 guàng jiē 图 쇼핑하다

제**2**부분 낭독하기

5 　　常常有儿童把不喜欢的玩具丢到一边，但如果有别的小朋友来拿走，这个儿童就会又哭又闹："那是我的玩具，你不能拿走。"这可能会让很多人不理解，既然他不要的东西，为什么别人也不能拿走？其实玩具对孩子来说不只是一个玩儿的东西，更代表了自己的地盘和安全感。

아이들은 항상 좋아하지 않는 장난감을 한쪽에 버려두지만, 다른 친구가 와서 가져가려고 하면 울고불고 소란을 피운다. "내 거야, 가져가지 마." 많은 사람들이 아이들의 이런 심리를 이해하지 못한다. 어차피 갖고 놀지도 않을 것을 왜 다른 아이들도 사용하지 못하게 하는가? 사실 장난감이란 아이들에게 있어 단순히 갖고 노는 물건일 뿐 아니라 자신의 기반이자 안정감을 느끼게 하는 물건이기 때문이다.

대답

　　常常有儿童∥把不喜欢的玩具∥丢到一边，∥但如果有别的小朋友∥来拿走，∥这个儿童∥就会又哭又闹：∥"那是我的玩具，∥你不能拿走。"∥这可能会∥让很多人不理解，∥既然∥他不要的东西，∥为什么∥别人也不能拿走？∥其实∥玩具对孩子来说∥不只是一个玩儿的东西，∥更代表了∥自己的地盘和安全感。

해설

끊어 읽기 표시에 따라 자연스럽게 정확한 발음으로 낭독한다.

어휘

玩具 wánjù 명 장난감 | 丢 diū 통 잃어버리다, 내버려 두다 | 儿童 értóng 명 아동, 어린이 | 闹 nào 형 떠들썩하다, 소란을 피우다 | 理解 lǐjiě 통 알다, 이해하다 | 既然 jìrán 접 ~된 바에야 | 代表 dàibiǎo 통 대표하다, 나타내다 | 地盘 dìpán 명 지반, 토대 | 安全感 ānquángǎn 명 안전감

🎧 1_06

6 他在做什么?

그는 무엇을 하고 있나요?

대답

❶ 他在散步，而且还带着一只白色的小狗。

그는 흰색 애완견을 데리고 산책하고 있어요.

❷ 他在遛狗，他的狗是白色的，看起来很可爱，老人每天这个时间都会来遛狗。

그는 애완견을 데리고 산책하고 있어요. 애완견은 흰색이고 귀여워요. 노인은 매일 이 시간에 개를 산책시켜요.

해설

그림에서 남자는 흰색 강아지를 데리고 걷고 있으므로, 공원에서 강아지를 데리고 산책하고 있다는 내용으로 말하면 된다.

어휘

散步 sàn bù ⑧ 산책하다 | 遛狗 liùgǒu ⑧ 개를 데리고 산책하다, 개를 산책시키다

🎧 1_07

7 请比较一下两种交通工具。

두 종류의 교통수단을 비교하세요.

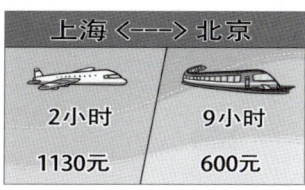

上海 ←--→ 北京

2小时	9小时
1130元	600元

대답

❶ 从上海到北京，坐飞机需要2个小时，价格1130元；坐动车的话需要9个小时，价格600元。

상하이에서 베이징까지 비행기를 타면 2시간이 걸리고 가격은 1130위안이에요. 기차를 타면 9시간이 걸리고 가격은 600위안이에요.

❷ 从上海到北京，坐飞机比坐动车快7个小时，只需要2个小时，但是价格比动车贵了差不多一倍。

상하이에서 베이징까지 비행기를 타면 기차를 타는 것보다 7시간 빨리 2시간이면 도착할 수 있어요. 그러나 가격이 기차보다 거의 두 배예요.

해설

그림에서 상하이에서 베이징까지 비행기로는 2시간이 걸리고 1130위안이고, 기차로는 9시간이 걸리고 600위안이라는 것을 알 수 있다. 두 교통수단을 비교해야 하므로 시간과 가격의 차이를 예로 들어 말할 수 있다.

어휘

价格 jiàgé ⑲ 가격, 값 | 差不多 chàbuduō ⑨ 거의 | 倍 bèi ⑳ 배, 배수

 1_08

8 她今天要做什么?

그녀는 오늘 무엇을 하나요?

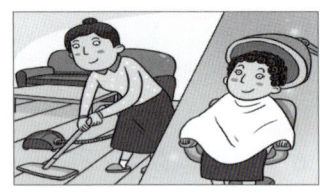

대답

❶ 她今天很忙，上午要打扫客厅，下午要去烫发。

그녀는 오늘 매우 바빠요. 오전에는 거실 청소를 하고, 오후에는 파마를 하러 갈 거예요.

❷ 今天要做的事很多，上午先打扫客厅，然后下午去理发店烫烫头发。

그녀는 오늘 할 일이 많아요. 오전에 우선 거실 청소를 한 뒤, 오후에는 미용실에 가서 파마를 할 거예요.

해설

그림에서 여자가 청소하는 모습과 파마하는 모습을 볼 수 있으므로 여자는 오늘 시간의 순서에 따라 청소를 한 뒤 파마를 할 것이라고 말하면 된다.

어휘

客厅 kètīng 몡 거실 | 烫 tàng 통 파마하다 | 理发店 lǐfàdiàn 몡 이 발소, 미용실

 1_09

9 老板为什么很生气?

사장님은 왜 화가 났나요?

대답

❶ 这个职员迟到了，所以老板很生气。

이 직원이 지각을 해서 사장님이 화가 났어요.

❷ 这个职员迟到了整整一个小时，而且不止一次这样了，所以老板很生气。

이 직원은 한 시간이나 지각을 했고, 이번이 처음이 아니라서 사장님이 화가 났어요.

해설

그림에서 중년의 남자는 화를 내고 있고 그 앞에는 젊은 남자가 난감한 표정으로 머리를 긁적이고 있다. 장소가 사무실이고 시계가 10시를 가리키는 것으로 보아, 직원이 지각을 해서 화가 난 상황을 이야기하면 된다.

어휘

老板 lǎobǎn 몡 사장, 경영자 | 整整 zhěngzhěng 뷔 온전히, 꼬박 | 不止 bùzhǐ 통 ~에 그치지 않다, ~를 넘다

🎧 1_10

10 请描述一下上面的图片。

제시된 그림을 설명하세요.

해설

그림에서 두 여자는 쇼핑백을 여러 개 들고 기뻐하고 있고 '크리스마스 빅 세일'이라는 플랜 카드와 많은 사람들이 몰려 있는 모습을 볼 수 있다. 따라서 백화점의 크리스마스 세일에 대해 이야기하면 된다.

대답

❶ 圣诞节到了，百货商店正在打折，很多人在排队买东西。

크리스마스가 왔어요. 백화점에서 세일을 하고 있고 많은 사람들이 줄을 서서 물건을 사고 있어요.

❷ 马上就圣诞节了，百货商店正在打折，比平时便宜很多，很多人趁着这个机会大量购物，排了很长的队。

곧 크리스마스예요. 백화점에서 세일을 하고 있어서 평소보다 가격이 훨씬 저렴해요. 많은 사람들이 이 기회를 틈타 물건을 대량으로 구입하고 있어 줄이 길어요.

어휘

圣诞节 Shèngdànjié 몡 크리스마스 | 打折 dǎ zhé 통 할인하다 | 排队 pái duì 통 줄을 서다 | 平时 píngshí 몡 평소 | 趁 chèn 개 ~을 틈타, (시간·기회 등을) 이용하여 | 购物 gòuwù 통 물품을 구입하다

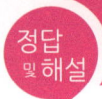
제4부분　듣고 다시 말하기

 1_11

11
　　饺子是中国最常见的传统食品之一，以前人们在春节晚上一定要吃饺子。饺子做起来非常麻烦，需要花费很长时间，于是忙碌的现代人常常在外面饭馆买着吃，除了一些老年人，很少有人在家自己做了。

만두는 중국에서 가장 흔히 볼 수 있는 전통 음식 중 하나예요. 예전에는 사람들이 설 저녁에 반드시 만두를 먹었어요. 만두는 만들기가 번거롭고 시간이 많이 걸리기 때문에 요즘 같이 바쁜 현대인은 음식점에서 사먹어요. 일부 노인들을 제외하고는 집에서 만두를 만들어 먹는 사람들이 별로 없어요.

대답

❶ 饺子是中国的传统食品，以前春节时一定吃饺子，但是因为饺子做起来很麻烦，现代人常常在饭馆吃，很少人在家做。

만두는 중국의 전통 음식이에요. 예전에는 설날에 반드시 만두를 먹었지만, 조리가 번거롭기 때문에 현대인들은 음식점에서 사먹고 집에서 만들어 먹는 사람들은 많지 않아요.

❷ 饺子是中国最有名的传统食品之一，以前春节晚上家人们会围在一起吃饺子，不过饺子的做法很复杂，忙碌的现代人很少有人在家做了，他们一般在外面饭馆吃。

만두는 중국의 가장 유명한 전통 음식 중 하나예요. 예전에는 설날 저녁에 가족들이 함께 모여 만두를 먹었지만, 요리법이 복잡하기 때문에 바쁜 현대인들은 집에서 만들어 먹는 경우가 적고 보통 음식점에서 사먹어요.

해설

만두에 관한 내용으로 예전과 현재의 변화에 대해 이야기하고 있으므로 '以前人们……', '现代人……' 등의 핵심 내용을 기억하고 그 내용을 중심으로 연결하여 다시 말하도록 한다.

어휘

饺子 jiǎozi 몡 만두, 교자 | 常见 chángjiàn 톙 흔히 보는 | 传统 chuántǒng 톙 전통적이다 | 食品 shípǐn 몡 식품 | 麻烦 máfan 톙 귀찮다, 번거롭다 | 花费 huāfèi 통 쓰다, 들이다 | 忙碌 mánglù 톙 (정신 없이) 바쁘다 | 复杂 fùzá 톙 복잡하다

12

当今社会，网上购物越来越流行了，有些人甚至大部分的东西都从网上购买。原因主要有两个：一是因为有些人特别是公司白领，实在是太忙了，连逛街购物的时间都没有了；二是因为网上卖的东西一般价格更便宜，可选择的种类更多，而且随着物流行业的发展，他们送货的速度也更快了。

요즘 인터넷 구매가 유행하고 있어요. 어떤 사람들은 심지어 대부분의 물건을 인터넷에서 구매해요. 그 이유를 살펴보면, 첫 번째는 직장인들을 포함한 일부 사람들은 너무 바빠서 쇼핑을 할 시간조차 없기 때문이에요. 두 번째는 인터넷에서 판매하는 물건은 일반적으로 저렴하고 선택할 수 있는 상품의 종류가 많아요. 게다가 물류 산업이 발전함에 따라 배송 속도 역시 빨라졌어요.

대답

❶ 现在，网上购物越来越流行了，主要有两个原因：一是因为一些人太忙了，没有时间去逛街；二是因为更便宜，可选择的种类也多。

현재 인터넷 쇼핑이 점점 더 유행하고 있어요. 주요 원인은 두 가지가 있는데, 하나는 일부 사람들은 너무 바빠서 쇼핑할 시간이 없기 때문이고, 또 다른 이유는 저렴하고 선택할 수 있는 물건의 종류도 많기 때문이에요.

❷ 当今社会，网上购物越来越流行了，原因主要有两个：一是一些公司白领工作太忙了，连购物的时间也没有了；二是因为网上的东西价格又低、种类又多，而且送货的速度也非常快。

현재 인터넷 구매가 점점 더 유행하고 있어요. 주요 원인은 두 가지로 볼 수 있는데, 먼저 일부 직장인들의 경우는 일이 너무 바빠서 쇼핑할 시간도 없기 때문이에요. 또 다른 이유로는 인터넷에서 판매하는 물건은 가격이 저렴하고 종류도 많은 데다 배송 속도 역시 매우 빠르기 때문이에요.

해설

인터넷 구매가 유행하는 현상의 원인에 대해 말하고 있으므로 '一是因为……', '二是因为……'와 같이 원인을 말하는 내용을 잘 기억하고 그 내용을 중심으로 연결하여 다시 말하면 된다.

어휘

当今 dāngjīn 명 현재, 요즘 | 社会 shèhuì 명 사회 | 流行 liúxíng 동 유행하다 | 甚至 shènzhì 부 심지어, ~조차도 | 原因 yuányīn 명 원인 | 白领 báilǐng 명 화이트칼라 계층 | 实在 shízài 부 확실히, 정말 | 种类 zhǒnglèi 명 종류 | 随着 suízhe ~에 따라 | 物流 wùliú 명 물류, 유통 | 行业 hángyè 명 직업, 업종 | 发展 fāzhǎn 동 발전하다 | 送货 sònghuò 동 배달하다 | 速度 sùdù 명 속도

제5부분 의견 말하기

 1_13

13 你最想做什么方面的工作，为什么？

당신은 어떤 일을 가장 하고 싶으며, 그 이유는 무엇인가요?

대답

❶ 我最想做贸易方面的工作，特别是韩中之间的贸易，为什么呢？首先，因为我大学的专业是中文，可以用中文跟中国客户交流，而且我对中国文化也比较了解；第二，因为我的性格很外向，喜欢与人交流。

무역, 특히 한중 무역에 관한 일을 하고 싶어요. 왜냐하면 우선 대학에서 중국어를 전공했기 때문에 중국 고객과 의사소통을 할 수 있으며, 중국 문화에 대해서도 잘 이해하고 있기 때문이에요. 두 번째는 성격이 외향적이고 사람 사귀기를 좋아하기 때문이에요.

❷ 我将来想从事贸易方面的工作，特别是韩中之间的贸易，原因主要有两个：第一，韩中之间的贸易越来越频繁了，这方面的企业将来会有很好的发展前景，他们需要大量贸易方面的人才；第二，我大学的专业是中文，这样的工作可以发挥出我的语言优势，而且我对中国文化也比较了解，我认为自己可以胜任贸易方面的工作。

앞으로 무역 관련 업무를 하고 싶은데 특히 한중 무역에 관한 일을 하고 싶어요. 이유는 두 가지가 있는데요. 하나는 한중 간의 무역이 빈번해지고 있어 무역 관련 기업들의 발전 전망이 밝아요. 그래서 무역 관련 인재를 필요로 하고 있기 때문이에요. 두 번째로는 대학에서 중국어를 전공했기 때문에 이 방면에서 언어적 능력을 발휘할 수 있으며, 중국 문화에 대한 이해도 높은 편이라서 무역 관련된 일을 할 충분한 역량을 갖추고 있다고 생각해요.

해설

먼저 자신이 하고 싶은 방면의 일에 대해 말한 뒤, 자신의 전공이나 특성을 근거로 그 일을 하고 싶은 이유를 구체적으로 설명하며 의견을 뒷받침한다.

어휘

贸易 màoyì 뗑 무역, 교역 | 首先 shǒuxiān 때 첫째, 먼저 | 专业 zhuānyè 뗑 전공 | 客户 kèhù 뗑 거래처, 바이어 | 交流 jiāoliú 통 서로 소통하다, 교류하다 | 性格 xìnggé 뗑 성격 | 外向 wàixiàng 톙 외향적이다 | 将来 jiānglái 뗑 장래, 미래 | 从事 cóngshì 통 종사하다 | 频繁 pínfán 톙 잦다, 빈번하다 | 企业 qǐyè 뗑 기업 | 发展 fāzhǎn 통 발전하다 | 前景 qiánjǐng 뗑 장래, 전망 | 人才 réncái 뗑 인재 | 发挥 fāhuī 통 발휘하다 | 优势 yōushì 뗑 우세, 우위 | 胜任 shèngrèn 통 (맡은 직책·임무 등을) 능히 감당하다

14 介绍一件你最难忘的事。

당신에게 가장 잊을 수 없는 일을 이야기하세요.

대답

❶ 我最难忘的一件事是我12岁生日那天。早上起床后，爸爸妈妈好像不记得我生日了，没有人祝福我，我很郁闷。可没想到晚上一回家，就看见爸爸妈妈已经准备好了生日晚会，爸爸还送给我一部最新款的手机，我感动极了。

가장 잊을 수 없는 일은 12번째 생일이에요. 아침에 일어났는데 부모님은 제 생일을 기억하지 못하는 것 같았고 아무도 축하해 주지 않아서 아주 우울했어요. 그런데 저녁에 집에 돌아왔을 때 생각지도 못하게 부모님이 생일 파티를 준비해 놓으셨고 아빠가 최신 핸드폰을 선물로 주셨어요. 정말 감동했어요.

❷ 至今为止，我最难忘的一件事就是12岁生日那天。那天早上家里平平静静的，父母好像不知道今天是我的生日，这让我一整天都很郁闷。可意外的是晚上一回家，就看到爸爸妈妈精心准备了蛋糕、各种好吃的，家里也布置得漂漂亮亮的，爸爸还送给我一部最新款的手机，这可是我一直以来最想拥有的礼物。

여태껏 가장 잊기 힘든 일은 바로 12살 생일 때였어요. 그날 아침 집안은 조용했고 부모님은 오늘이 제 생일인지 모르는 것 같아서 하루 종일 우울했어요. 그런데 저녁에 집에 돌아와서 보니 부모님께서 뜻밖에도 케이크와 맛있는 음식을 차려놓으시고 집안을 예쁘게 꾸며놓으셨어요. 아버지는 최신 핸드폰을 선물로 주셨는데, 가장 받고 싶었던 선물이었어요.

해설

우선 지금까지의 경험 중 잊을 수 없는 사건이 언제 일어난 어떤 일이었는지 말한 뒤, 구체적으로 그일을 잊을 수 없는 이유에 대해 설명하도록 한다.

어휘

难忘 nánwàng 혱 잊을 수 없다 | 好像 hǎoxiàng 뮈 마치 ~와 같다 | 祝福 zhùfú 동 축복하다, 기원하다 | 郁闷 yùmèn 혱 우울하다, 답답하고 괴롭다 | 款 kuǎn 명 스타일, 디자인 | 感动 gǎndòng 동 감동하다 | 至今 zhìjīn 뮈 지금까지 | 为止 wéizhǐ 동 ~까지 ~하다 | 平静 píngjìng 혱 조용하다 | 一整天 yìzhěngtiān 명 온종일 | 意外 yìwài 혱 이외의, 뜻밖의 | 精心 jīngxīn 혱 정성을 들이다 | 布置 bùzhì 동 안배하다, 배치하다 | 拥有 yōngyǒu 동 보유하다, 소유하다

 1_15

15 当今社会老人问题非常严重，你认为我们应该怎样对待老人？

요즘 노인 문제가 아주 심각한데, 당신은 노인들을 어떻게 대해야 한다고 생각하나요?

대답

❶ 首先政府应该想办法保障老人的生活，让老人吃穿住行、看病等都有保障；第二，每一个年轻人都应该尊重老人，比如在地铁、公交车里要主动给老人让座；最后，子女要常常回家，不要让老人感到孤独。

우선 정부가 나서서 노인들의 생활을 보장해줘야 해요. 의식주 문제나 의료 방면에서 보장해줘야 해요. 또한 젊은이들은 노인을 존중해야 해요. 지하철이나 버스에서 자발적으로 노인에게 자리를 양보해야 해요. 마지막으로 자녀들은 노인들이 외롭지 않게 집에 자주 방문해야 해요.

❷ 在老龄化日益严重的今天，不管是政府还是个人都要关注老人问题。首先，政府要想办法保障老人的生活，让老人不愁吃穿、有病可医；第二，全社会都要尊重老人，在地铁、公交车里主动给老人让座；最后，子女要常回家看看，常跟父母联系，不要让父母感到孤独，在当今社会，老人精神上的需求甚至比物质上的需求更重要。

고령화 문제가 나날이 심각해지는 오늘, 정부와 개인 모두 노인 문제에 관심을 가져야 해요. 우선 정부는 노인의 기본 생활을 보장하고 의료 문제를 해결하는 등 노인의 생활을 보장해야 해요. 다음으로 사회 전체가 노인을 존중하여 지하철이나 버스에서 자발적으로 노인에게 자리를 양보해야 해요. 마지막으로 자녀들은 자주 집에 방문하고 자주 연락하여 부모가 외롭지 않게 해야 해요. 지금 사회에서는 노인들의 물질적인 요구를 충족시켜 주는 것보다 정신적인 요구를 충족시켜 주는 것이 더 중요해요.

해설

노인 문제의 심각성을 제기하며 대처 방안에 관해 묻고 있으므로 이 문제를 해결하기 위한 구체적인 방안을 예를 들어 순서대로 말하면 된다. 해결 방안을 제시할 때 개인적인 실천 방안, 사회적인 실천 방안 등으로 나누어 제시할 수도 있다.

어휘

严重 yánzhòng 형 심각하다, 중대하다 | 对待 duìdài 동 다루다, 대처하다 | 政府 zhèngfǔ 명 정부 | 看病 kàn bìng 동 치료를 받다 | 保障 bǎozhàng 동 (생명·재산·권리 등을) 보장하다 | 尊重 zūnzhòng 동 존중하다 | 主动 zhǔdòng 형 주동적인, 자발적인 | 让座 ràng zuò 동 (좌석을) 양보하다 | 孤独 gūdú 형 고독하다, 외롭다 | 老龄化 lǎolínghuà 동 노령화하다 | 日益 rìyì 부 날로, 나날이 | 关注 guānzhù 동 관심을 가지고 중시하다 | 不愁 bùchóu 동 걱정하지 않다 | 精神 jīngshén 명 정신 | 需求 xūqiú 명 수요, 필요 | 物质 wùzhì 명 물질, 재물

16 我们社会的食品安全问题一直是一个热门话题，你认为应该怎么解决？

우리 사회에서는 식품 안전 문제가 뜨거운 화젯거리가 되었어요.
당신은 식품 안전 문제를 어떻게 해결해야 한다고 생각하나요?

대답

❶ 食品安全问题直接关系到我们的生活，直接影响到我们的身体健康，因此社会各部门都要重视这个问题。首先应该提高公司的社会责任感，企业的目的不能只是赚钱，更要保证产品的质量；另外政府要完善法律。

식품 안전 문제는 우리 생활과 직접적인 관계가 있으며 우리의 건강에 직접적인 영향을 미쳐요. 이 때문에 사회 각 부문은 이 문제에 관심을 가져야 해요. 우선 기업의 사회적 책임을 강화해야 해요. 기업의 목적은 단순히 돈을 버는 데 있지 않고 상품의 품질을 보증하는 데 있어요. 그밖에 정부는 법률적 기반을 마련해줘야 해요.

❷ 食品安全问题与我们的生活密切相关，直接影响到我们的身体健康，因此它的重要性是不言而喻的，社会各界都要重视这个问题。首先要提高企业的社会责任感，企业不能只以追求利润为目的；另外政府要完善法律，让企业有法可依；最后全社会都要注意保护环境，提倡低碳生活，否则环境污染严重了，我们的食品自然就不安全了。

식품 안전 문제와 우리 생활은 밀접한 관계를 맺고 있으며 우리의 건강에 직접적인 영향을 미치고 있어요. 그러므로 이 문제의 중요성은 말할 필요도 없으며 사회 각계는 이 문제를 중요하게 생각해야 해요. 우선 기업은 사회적 책임을 강화해야 해요. 기업은 단지 이윤만을 추구해서는 안 돼요. 그밖에 정부는 기업에게 법률적 기반을 마련해줘야 해요. 마지막으로 사회 전체가 환경을 보호하고 저탄소 생활(친환경적 생활)을 추구해야 해요. 그렇지 않으면 환경 오염은 심각해질 것이며 우리가 먹는 식품 역시 안전하지 못할 거예요.

해설

식품 안전 문제에 관한 해결 방안을 묻고 있으므로 먼저 식품 안전 문제에 관한 중요성을 언급한 뒤 구체적으로 해결 가능한 방안을 설명한다. 이 문제를 해결할 수 있는 주요 대상을 중심으로 정부, 기업, 개인 등으로 나누어 구체적인 방안을 제시해도 된다.

어휘

食品 shípǐn 명 식품｜安全 ānquán 형 안전하다｜热门 rèmén 명 인기 있는 것, 유행하는 것｜话题 huàtí 명 화제｜责任感 zérèngǎn 명 책임감｜企业 qǐyè 명 기업｜目的 mùdì 명 목적｜赚钱 zhuànqián 통 돈을 벌다｜保证 bǎozhèng 통 보증하다, 확보하다｜质量 zhìliàng 명 품질｜完善 wánshàn 형 완전하다, 완벽하다｜法律 fǎlǜ 명 법률｜密切 mìqiè 형 밀접하다｜相关 xiāngguān 통 서로 관련되다｜不言而喻 bù yán ér yù 성 말하지 않아도 안다｜各界 gèjiè 명 각계, 각 방면｜追求 zhuīqiú 통 추구하다｜利润 lìrùn 명 이윤｜依 yī 통 의지하다｜保护 bǎohù 통 보호하다｜提倡 tíchàng 통 제창하다｜低碳生活 dītàn shēnghuó 명 저탄소 생활(친환경적 생활)｜环境污染 huánjìng wūrǎn 명 환경 오염

제6부분 상황에 대응하여 말하기

17 你昨天去了一家饭馆很满意，请你把它推荐给你的朋友。

당신은 어제 방문한 음식점에 상당히 만족하고 있어요. 친구에게 이 음식점을 추천하세요.

대답

❶ 昨天我去了一家饭馆，太好吃了，以后有机会你一定要去试试。菜都是地地道道的中国菜，我在韩国第一次吃到这么地道的中国菜，一般的家常菜都有，而且还有麻辣烫、火锅等，最重要的是价格一点都不贵。

내가 어제 음식점에 갔는데 맛이 상당히 좋았어. 나중에 기회가 되면 너도 꼭 한번 가서 먹어 봐. 정말 제대로 된 중국 음식을 맛볼 수 있어. 한국에서 이렇게 정통적인 중국 음식은 처음 먹어 봤어. 일반적인 가정식은 다 있고 마라탕이나 훠궈도 있어. 가장 중요한 것은 가격이 비싸지 않다는 거야.

❷ 我给你推荐一家中国餐厅吧，昨天我跟朋友一起去的，菜做得非常地道，简直跟中国一样。一般的家常菜，像宫保鸡丁、铁板牛肉等都有，而且还有麻辣烫、火锅什么的，这还是我在韩国第一次吃到这么地道的中国菜。最重要的是价格非常便宜，比同样的中国餐厅便宜很多，你以后有时间的时候一定要去试一试。

내가 중국 음식점 하나 추천해 줄게. 어제 친구랑 같이 간 곳인데, 진짜 정통 중국 음식점이어서 완전히 중국과 같더라. 궁바오지딩이나 톄반뉴러우 등 가정식도 다 있고, 마라탕이나 훠궈 등도 다 있어. 한국에서 처음으로 제대로 된 중국 음식을 먹었지. 가장 중요한 것은 가격도 저렴해. 비슷한 중국 음식점보다 훨씬 싸거든. 나중에 시간 있으면 꼭 한번 가서 먹어 봐.

해설

친구에게 음식점을 추천하는 상황이다. 먼저 친구에게 어떤 종류의 음식점인지 말한 뒤 장점과 특징을 소개하며 그곳을 추천하는 구체적인 이유를 설명하면 된다.

어휘

推荐 tuījiàn 동 추천하다 | 地道 dìdao 형 정통의, 전형적인 | 家常菜 jiāchángcài 명 일상 가정 요리 | 简直 jiǎnzhí 부 그야말로, 완전히

18 你暑假想去中国旅行，但是妈妈想让你去补习班学习，请你想办法说服妈妈。

당신은 여름 방학에 중국 여행을 가고 싶지만, 엄마는 학원에서 공부하기를 바라요. 엄마를 설득해 보세요.

대답

❶ 妈，去补习班学习我可以利用平时去的，周末或者下课后都行。可是去中国旅行一定需要假期这样的时间，而且我是中文系的学生，却从来没去过中国，这怎么行呢? 我想去中国旅行，更好地了解一下中国的文化。

엄마, 학원에서 공부하는 건 평상시에 갈 수도 있고 주말이나 학교 수업 마치고도 충분히 할 수 있어요. 하지만 중국 여행은 방학 때밖에 못하잖아요. 게다가 저는 중문과 학생인데, 중국에 한 번도 안 가보면 어떻게 해요? 중국 여행을 가서 중국 문화도 더 많이 알고 싶어요.

❷ 妈，去补习班学习不一定需要假期的时间，我可以利用平时的时间。去中国旅行我一方面可以试试我的口语，我的专业是中文系嘛；另一方面我可以更好地了解一下中国，听说中国最近发展很快，机会也很多，我真的很想去体验一下，你就让我去吧。

엄마, 학원에서 공부하는 건 꼭 방학이 아니어도 되잖아요. 평소에도 충분히 시간을 낼 수 있어요. 중국 여행을 하면 회화 실력도 향상될 거예요. 제 전공이 중국어잖아요. 또 중국 여행을 하면 중국에 대해서 더 잘 이해할 수 있을 거예요. 최근 중국이 빠르게 성장하고 있어서 기회도 참 많거든요. 진짜 한번 가고 싶은데, 허락해 주세요.

해설

방학 때 공부하기를 원하는 엄마에게 중국 여행을 보내달라고 설득해야 하는 상황이다. 엄마를 설득하려면 방학 때 중국에 가야 하는 타당한 근거가 필요하므로, 자신의 상황에서 꼭 필요한 이유를 구체적인 예를 들어 설명해야 한다.

어휘

说服 shuōfú 통 설득하다 | 利用 lìyòng 통 이용하다 | 假期 jiàqī 명 휴가 기간 | 专业 zhuānyè 명 전공 | 发展 fāzhǎn 통 발전하다 | 体验 tǐyàn 통 체험하다

19 你公司的中国客户今天要来韩国，公司派你去机场接待他们，请你说一下见面时你要说的话。

당신 회사의 중국 고객이 오늘 한국에 왔는데, 회사에서 당신을 공항으로 보내 고객을 맞이하게 했어요. 고객을 만났을 때 어떻게 응대할 것인지 대답하세요.

대답

❶ 你们好，欢迎你们来到韩国。我姓金，你们叫我小金就行，公司派我来接你们。公司的车就在外面等着，请跟我来，这几天我来负责你们的生活安排，如果有什么需要的尽管告诉我，我一定尽力解决。

안녕하세요. 한국에 오신 걸 환영합니다. 제 성은 김이고, 샤오진이라고 부르시면 됩니다. 회사에서 저를 마중 보냈습니다. 밖에 회사 차가 기다리고 있으니 저를 따라오세요. 며칠 간 제가 여러분을 모실 겁니다. 필요한 것이 있으시면 저한테 말씀해 주세요. 최선을 다해 도와드리겠습니다.

❷ 你们好，欢迎你们来到韩国，一路辛苦了。我姓金，你们以后叫我小金就行了，公司派我来接你们，车就在外面等着，请跟我来。我的汉语水平不是那么高，还请多多包涵。在韩国有任何方面的需要，尽管告诉我，我一定尽量帮助你们。40分钟后我们就能到达公司，我们老板已经为各位订好了饭馆，给大家接风。

안녕하세요. 한국에 오신 걸 환영합니다. 오시느라 고생 많으셨습니다. 제 성은 김이고, 샤오진이라고 부르시면 됩니다. 회사에서 저를 마중 보냈습니다. 차가 밖에 있으니 저를 따라오세요. 제 중국어 실력이 그다지 좋지 않으니 양해해 주시기 바랍니다. 한국에 계시는 동안 필요한 것이 있으시면 무엇이든지 저한테 말씀하세요. 제가 최선을 다해 도와드리겠습니다. 40분이면 회사에 도착할 겁니다. 사장님께서 여러분을 환영하는 의미로 음식점을 예약하셨습니다.

해설

회사의 중국 고객을 맞이하러 공항에 간 상황이다. 처음 만나는 중국 고객을 응대해야 하므로, 먼저 간단한 인사로 시작한 다음 도착한 이후의 일정이나 당부하는 말 등을 덧붙일 수 있다.

어휘

客户 kèhù 몡 고객, 거래처 | 派 pài 통 파견하다, 지명하다 | 接待 jiēdài 통 접대하다, 영접하다 | 负责 fùzé 통 책임지다 | 安排 ānpái 통 안배하다, 일을 처리하다 | 尽管 jǐnguǎn 튄 얼마든지, 주저하지 않고 | 尽力 jìn lì 통 힘을 다하다 | 一路 yílù 몡 도중, 여정 | 辛苦 xīnkǔ 형 고생스럽다, 수고롭다 | 包涵 bāohan 통 양해하다, 용서하다 | 任何 rènhé 때 어떠한, 무슨 | 到达 dàodá 통 도달하다, 이르다 | 订 dìng 통 예약하다, 주문하다 | 接风 jiēfēng 통 멀리서 온 손님에게 식사를 대접하다, 환영회를 열다

20 你到了公司发现把重要的文件忘在家里了，你想让弟弟送到公司，请你给他打电话说明情况。

당신은 회사에 도착하고 나서 중요한 서류를 집에 두고 온 사실을 알게 되어, 남동생에게 회사로 가져다 달라고 부탁하려고 해요. 전화로 상황을 설명하세요.

대답

❶ 小强，我刚到公司，发现忘带文件了，那可是我昨天熬了一夜做好的，今天一定要交给老板，你帮我送过来好吗？我就放在客厅的桌子上了，在一个大信封里放着，你来的时候打的来吧，到公司门口给我打电话。

샤오창, 나 방금 회사에 도착했는데 중요한 서류를 집에 두고 왔어. 어제 밤을 꼬박 새서 완성한 건데, 오늘 사장님께 꼭 제출해야 돼. 서류 좀 가져다 줄 수 있니? 거실 테이블 위 서류봉투 안에 있거든. 올 때 택시 타고 와. 회사 앞에서 전화해.

❷ 小强，你在家吗？出大事了，我把一份很重要的文件落在家里了，那是我熬了一夜才弄好的，今天不交给老板的话，我就死定了。你快给我送来行吗？就放在客厅的桌子上了，在一个大信封里放着，信封上写着我公司的名字，你来的时候打车来啊，快一点，到公司门口打给我。

샤오창, 집에 있니? 큰일 났어. 중요한 서류를 집에 두고 왔어. 밤새서 겨우 완성한 건데 오늘 사장님께 제출하지 않으면 끝이야. 빨리 가져다 줄 수 있어? 거실 테이블에 두고 왔어. 서류봉투에 넣어 뒀는데 봉투에 회사 이름이 쓰여져 있어. 올 때 택시 타고 와. 빨리 와야 돼. 회사 앞에서 연락해.

해설

중요한 서류를 집에 두고 와서 집에 있는 동생에게 전화로 도움을 요청하는 상황이다. 우선 전화로 동생에게 집에 서류가 있는 위치를 말한 뒤 어디로 가져와야 하는지 알려준다.

어휘

文件 wénjiàn 명 서류, 문건 | 熬夜 áo yè 통 밤새다, 철야하다 | 交 jiāo 통 제출하다, 내다 | 信封 xìnfēng 명 편지봉투, 봉투 | 打的 dǎ dī 통 택시를 타다, 택시를 잡다 | 出事 chū shì 통 사고가 나다 | 落 là 통 빠뜨리다, 가져오는(가는) 것을 잊어버리다 | 弄 nòng 통 하다, 만들다 | 打车 dǎchē 통 택시를 잡다

제**7**부분   그림 보고 이야기 구성하기

🎧 1_21

21 请根据图片的内容，讲述一个完整的故事。

그림의 내용에 따라 이야기를 완성하세요.

대답

❶ 一个周末，丈夫正躺在沙发上看着电视。妻子突然说要大扫除，她让丈夫搬桌子，擦窗户等等。妻子自己要洗衣服、刷碗、擦地等等，丈夫听后真的快疯了，因为好不容易周末，他很想好好休息一下，可是连喜欢的电视节目也不能看。

어느 주말, 남편은 소파에서 텔레비전을 보고 있어요. 아내가 갑자기 대청소를 하겠다며 남편에게 탁자를 옮기고, 창문을 닦는 일 등을 해달라고 했어요. 아내는 빨래와 설거지, 바닥을 닦는 일 등을 하겠다고 했어요. 남편은 아내의 말을 듣고 미칠 지경이었어요. 왜냐하면 이제 겨우 주말을 맞이해서 너무 쉬고 싶지만, 좋아하는 텔레비전 프로그램조차 보지 못하기 때문이에요.

❷ 一个周末，丈夫正躺在沙发上兴致勃勃地看着自己喜欢的娱乐节目。妻子突然对他唠叨说今天要大扫除，她让丈夫把桌子搬到别的位置、把窗户

해설

그림에서 전개되는 상황을 보면 '① 남편이 텔레비전을 보고 있음 → ② 아내가 대청소를 하자며 남편이 할 일을 말함 → ③ 아내는 자신이 할 일을 말함 → ④ 남편은 텔레비전을 보며 쉬려고 했기에 화가 남'의 내용으로 정리해 볼 수 있다. 간략히 정리한 기본 상황에 그림 속에 나타난 내용을 덧붙여서 어느 주말 부부 사이에 일어난 에피소드로 구성하여 말할 수 있다.

어휘

躺 tǎng 통 눕다 | 沙发 shāfā 명 소파 | 大扫除 dàsǎochú 통 대청소하다 | 擦 cā 통 닦다, 문지르다 |

擦干净、把水龙头修理好等等。妻子自己要把脏衣服都洗了、把碗洗干净、把地好好擦一遍。丈夫听后真的气疯了，因为他工作一周累得要命，好不容易周末能清闲一下。

어느 주말, 남편은 소파에 누워서 흥미진진하게 자신이 좋아하는 오락 프로그램을 보고 있었어요. 아내는 갑자기 오늘 대청소를 하겠다며 잔소리를 했어요. 아내는 남편에게 테이블 위치를 바꾸고, 창문을 깨끗이 닦고, 수도꼭지를 고쳐달라고 했어요. 아내는 더러운 옷을 세탁하고, 설거지를 하고, 바닥을 닦겠다고 했어요. 남편은 아내의 이야기를 다 듣고 미칠 듯이 화가 났어요. 일주일 동안 정말 힘들게 일하고 이제 겨우 주말이 되어 한가하게 보내려고 했기 때문이에요.

刷碗 shuāwǎn 图 솔로 그릇을 닦다 | 疯 fēng 图 미치다 | 好不容易 hǎoburóngyi 用 겨우, 간신히 | 兴致勃勃 xìngzhì bóbó 图 흥미진진하다 | 娱乐 yúlè 图 오락 | 唠叨 láodao 图 잔소리하다 | 位置 wèizhi 图 위치 | 水龙头 shuǐlóngtóu 图 수도꼭지 | 修理 xiūlǐ 图 수리하다, 고치다 | 脏 zāng 图 더럽다 | 气疯 qìfēng 图 미칠 듯이 화가 나다 | 要命 yàomìng 图 심하다, 죽을 지경이다 | 清闲 qīngxián 图 한가하다

제**8**부분 도표 분석하여 말하기

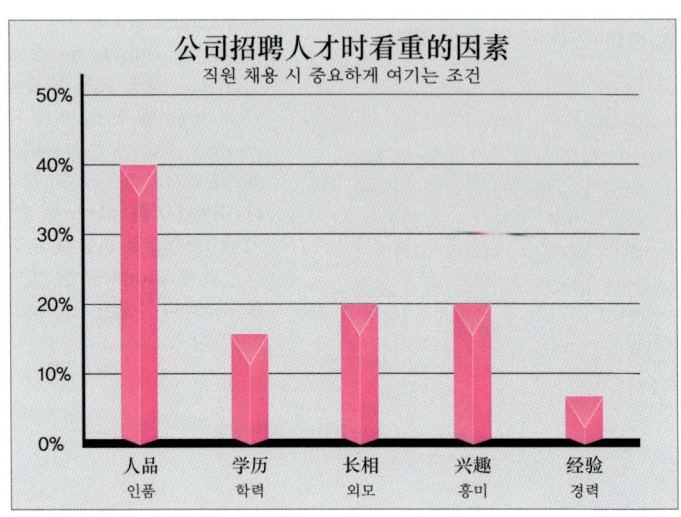

🎧 1_22

22 请根据图表，说明一下这个公司在招聘上有什么要求，并简单分析一下原因。

도표에 따라 이 회사의 직원 채용 시 요구 사항을 설명하고, 그 원인을 간단히 분석하세요.

대답

❶ 这个图表告诉我们，这个公司招聘人才时最注重的是人品，他们可能更重视你努力诚实的态度；第二是长相和兴趣，可能因为他们公司常常要与他人接触，所以重视长相，兴趣呢，我认为在工作中是非常重要的，有兴趣才能做得好。

이 도표를 보면 이 회사는 직원을 채용할 때 인품을 가장 중시해요. 성실히 노력하는 태도를 중요하게 생각해요. 그 다음으로는 외모와 흥미를 봐요. 이 회사는 사람과의 접촉이 빈번하기 때문에 외모를 중요하게 생각해요. 일할 때 흥미는 아주 중요하다고 생각하는데, 일이 즐거워야 일을 잘할 수 있기 때문이에요.

해설

모 회사의 직원 채용 시 중요시하는 요소에 관한 도표를 분석해야 한다. 우선 전체적으로 중요하게 생각하는 요소들에 관한 비율을 확인하고 그중 가장 높은 비율과 낮은 비율을 중심으로 이러한 결과가 나타난 원인을 파악하여 말한다.

어휘

图表 túbiǎo 몡 도표, 통계표 | 招聘 zhāopìn 동 모집하다, 채용하다 | 人才 réncái 몡 인재 | 人品 rénpǐn

❷ 这个图表清楚地告诉我们，这个公司招聘人才时最注重人品，因此他们更喜欢诚实守信、勤劳踏实的人才；第二他们注重长相和兴趣，由此我们可以推断，可能这个公司要常与人打交道，因此他们重视长相，我们常说"兴趣是最好的老师"，有兴趣才能把工作做好；另外他们也比较重视学历，但不怎么重视经验。

도표를 통해 이 회사는 직원을 채용할 때 인품을 가장 중요하게 여긴다는 것을 분명히 알 수 있어요. 근면 성실하고 신용을 지키는 인재를 선호해요. 그 다음으로 중요시 여기는 것이 외모와 흥미예요. 여기에서 또 알 수 있는 것은 이 회사는 사람과의 교류가 잦기 때문에 외모를 중요하게 생각해요. 흔히 '흥미는 가장 좋은 선생님'이라고 하는데, 흥미가 있어야 일을 잘할 수 있기 때문이에요. 그밖에도 이 회사는 학력을 중시하고, 경력은 그다지 중요하게 생각하지 않아요.

명 인품 | 诚实 chéngshí 형 성실하다 | 态度 tàidu 명 태도 | 长相 zhǎngxiàng 명 생김새, 용모 | 接触 jiēchù 통 접촉하다, 교제하다 | 注重 zhùzhòng 통 중시하다 | 守信 shǒuxìn 통 신용을 지키다 | 勤劳 qínláo 통 열심히 일하다 | 踏实 tāshi 형 착실하다, 성실하다 | 推断 tuīduàn 통 미루어 판단하다 | 打交道 dǎ jiāodao 통 왕래하다, 접촉하다 | 学历 xuélì 명 학력 | 经验 jīngyàn 명 경험, 체험

제1부분 기본 질문 대답하기

 2_01

1 你一般每天几点睡觉?

당신은 보통 매일 몇 시에 잠을 자나요?

대답

❶ 我一般12点左右睡觉。

나는 보통 12시쯤 잠을 자요.

❷ 我下班比较晚，回到家就10点多了，所以一般12点左右才能睡觉。

나는 퇴근이 비교적 늦어서 집에 오면 10시가 좀 넘어요. 그래서 보통 12시쯤에야 잠을 자요.

해설

취침 시간에 대해 묻고 있으므로 자신이 평소에 잠자는 시간을 말한 뒤 그 시간에 자는 이유에 대해 덧붙일 수 있다.

 2_02

2 你会跳舞吗?

당신은 춤을 출 줄 알아요?

대답

❶ 我会一点，但跳得不好。

나는 춤을 좀 출 줄 알지만 잘 추지는 못해요.

❷ 我会跳简单的，但是跳得真的不怎么样，所以有机会时我要去学习。

나는 간단한 건 출 줄 알지만 정말 잘 추지 못해요. 기회가 된다면 배우려고요.

해설

자신이 춤을 출 줄 아는지 모르는지를 말한 뒤 춤추는 정도나 좋아하는 춤에 대해 덧붙일 수 있다.

2_03

3 你最喜欢的明星是谁?

당신이 가장 좋아하는 스타는 누구인가요?

대답

❶ 我最喜欢的明星是成龙。

내가 가장 좋아하는 스타는 청룽(성룡)이에요.

❷ 我最喜欢的明星是成龙，不但因为他的演技很好，
也因为他的生活态度很好。

내가 가장 좋아하는 스타는 청룽(성룡)이에요. 연기가 훌륭할
뿐만 아니라 생활 태도가 멋있어요.

해설

좋아하는 스타가 누구인지 묻고
있으므로 자신이 좋아하는 스타를
말한 뒤 좋아하는 이유나 그 사람
의 장점에 대해서 덧붙일 수 있다.

어휘

明星 míngxīng 명 스타, 인기 있
는 배우나 운동선수 ㅣ 演技 yǎnjì
명 연기

2_04

4 你的酒量怎么样?

당신의 주량은 어떤가요?

대답

❶ 我的酒量一般，我不太喜欢喝酒。

내 주량은 보통이에요. 술 마시는 걸 별로 좋아하지 않아요.

❷ 我的酒量不大也不小，一般水平，除非有重要的
事情非喝不可，我一般不喝酒。

내 주량은 많지도 적지도 않고 보통이에요. 중요한 일이라면
마시지만 보통은 술을 마시지 않아요.

해설

주량에 대해 묻고 있으므로 자신
의 주량이 어느 정도인지를 말한
뒤 술에 대한 자신의 관점이나 얼
마나 자주 마시는지 등을 덧붙일
수 있다.

어휘

除非 chúfēi 접 오직 ~하여야(비로
소) ㅣ 非……不可 fēi……bùkě 꼭
~해야 한다, ~하지 않으면 불가능
하다

제2부분 낭독하기

 2_05

5 　　城市里的上班族如果很长时间呆在空调房里，眼睛就会变得很干，再加上长时间盯着电脑，这样非常不利于眼睛的健康。因此一般用眼一个小时左右就要休息一下，看看很远的地方，看看绿色的树木等等。俗话说："眼睛是心灵的窗户"，我们一定要养成良好的用眼习惯。

도시에서 생활하는 직장인들은 냉방기가 있는 사무실에서 장시간 생활하기 때문에 눈이 건조해져요. 게다가 장시간 컴퓨터 작업을 하는 것도 눈 건강에 좋지 않아요. 그렇기 때문에 평소에 1시간 동안 눈을 사용하고 나면 잠시 쉬어줘야 해요. 먼 곳을 바라보거나 푸른 나무를 바라보는 것이 좋아요. "눈은 마음의 창이다"라는 말이 있죠. 우리는 눈을 건강하게 관리하는 습관을 길러야 해요.

대답

　　城市里的上班族//如果很长时间//呆在空调房里，//眼睛就会//变得很干，//再加上//长时间盯着电脑，//这样//非常不利于眼睛的健康。//因此//一般用眼//一个小时左右//就要休息一下，//看看很远的地方，//看看绿色的树木等等。//俗话说：//"眼睛是心灵的窗户"，//我们一定要//养成良好的用眼习惯。

해설

끊어 읽기 표시에 따라 자연스럽게 정확한 발음으로 낭독한다.

어휘

呆 dāi 동 머무르다 | 干 gān 형 건조하다, 마르다 | 再加上 zàijiāshang 접 게다가 | 盯 dīng 동 주시하다, 응시하다 | 树木 shùmù 명 나무, 수목 | 俗话 súhuà 명 속담, 옛말 | 心灵 xīnlíng 명 정신, 마음 | 养成 yǎngchéng 동 습관이 되다 | 良好 liánghǎo 형 좋다, 훌륭하다

제**3**부분 그림 보고 말하기

🎧 2_06

6 她在做什么?

그녀는 무엇을 하고 있나요?

대답

❶ 她正在化妆，看起来今天有什么重要的事情。

그녀는 화장을 하고 있어요. 오늘 무슨 중요한 일이 있는 것 같아요.

❷ 她正在认真地化妆，好像今天有什么重要的约会，或者见什么重要的人。

그녀는 열심히 화장을 하고 있어요. 오늘 중요한 약속이 있거나 중요한 사람을 만나는 것 같아요.

해설

그림에서 여자는 콧노래를 부르며 화장을 하고, 달력의 날짜에는 하트 표시가 되어 있다. 중요한 약속이 있어 화장을 하며 외출 준비를 한다는 내용으로 말하면 된다.

어휘

化妆 huàzhuāng 통 화장하다 | 约会 yuēhuì 명 약속

🎧 2_07

7 请比较一下两张桌子。

책상 두 개를 비교하세요.

대답

❶ 左边的桌子上很干净，东西都很整齐；右边的桌子上很乱，比较脏。

왼쪽 책상은 깨끗하고 물건이 잘 정돈되어 있어요. 오른쪽 책상은 어지럽혀 있고 지저분해요.

❷ 左边的桌子上干干净净的，东西也整整齐齐的；右边的桌子上乱七八糟，而且脏兮兮的。

왼쪽 책상은 깔끔하며 물건이 가지런히 잘 정돈되어 있어요. 오른쪽 책상은 어지럽혀 있고 아주 지저분해요.

해설

그림에서 왼쪽에는 깨끗하게 정리된 책상, 오른쪽에는 지저분하게 어지럽혀진 책상을 볼 수 있다. 두 책상을 비교해서 말해야 하므로 뚜렷하게 차이 나는 모습을 묘사하여 말하면 된다.

어휘

整齐 zhěngqí 형 깔끔하다 | 乱 luàn 형 어지럽다, 혼란하다 | 脏 zāng 형 더럽다 | 乱七八糟 luàn qī bā zāo 성 엉망진창이다, 뒤죽박죽이다 | 脏兮兮 zāngxīxī 형 아주 더러운 모양

 2_08

8 这个选手怎么了?

이 선수에게 무슨 일이 일어났나요?

해설

그림에서 얼음판에서 넘어진 스케이트 선수의 모습을 볼 수 있다. 올림픽 스케이트 경기 중에 선수가 넘어진 상황에 대해 말하면 된다.

대답

❶ 他在冬奥会的滑冰比赛上不小心摔倒了。

그는 동계 올림픽 스케이트 경기에서 실수로 넘어졌어요.

❷ 他正在参加冬奥会的滑冰比赛，没想到突然失去重心，摔倒了，真是太可惜了。

그는 동계 올림픽 스케이트 경기에 참가하고 있어요. 예상치 못하게 갑자기 중심을 잃고 넘어졌어요. 정말 안타까워요.

어휘

选手 xuǎnshǒu 몡 선수 | 冬奥会 Dōng'àohuì 몡 동계 올림픽 ('冬季奥林匹克运动会'의 약칭) | 滑冰 huá bīng 동 스케이트를 타다 | 摔倒 shuāidǎo 동 쓰러지다, 넘어지다 | 失去 shīqù 동 잃다 | 重心 zhòngxīn 몡 중심, 무게 중심 | 可惜 kěxī 혱 섭섭하다, 아깝다

 2_09

9 年轻人要做什么?

젊은이는 무엇을 하나요?

해설

그림에서 할머니에게 자리를 양보하는 젊은이를 볼 수 있으므로, 젊은이가 지하철에서 할머니가 타시자 자신의 자리를 양보한 상황에 대해 말하면 된다.

대답

❶ 在地铁里，一个年轻人要给一位老人让座。

지하철에서 젊은이가 노인에게 좌석을 양보했어요.

❷ 在地铁里，一个年轻人看到走过来一位满头白发的老人，马上起身给她让座。

지하철에서 젊은이가 백발이 창창한 노인이 걸어오는 모습을 보고 즉시 일어나 좌석을 양보했어요.

어휘

年轻人 niánqīngrén 몡 젊은이 | 让座 ràng zuò 동 (좌석을) 양보하다 | 白发 báifà 몡 흰머리 | 起身 qǐ shēn 동 일어나다

 2_10

10 请描述一下上面的图片。

제시된 그림을 설명하세요.

 대답

❶ 一个女人怀孕了，她的丈夫正陪她在医院检查身体。

여자는 임신했고, 남편이 그녀를 데리고 병원에 가서 검진을 받고 있어요.

❷ 一个女人怀孕几个月了，她的丈夫正陪她在医院检查身体，他们看起来都很幸福的样子。

여자는 임신한 지 몇 개월이 되었고, 남편이 데리고 병원에 가서 검진을 받고 있어요. 그들은 행복해 보여요.

해설

그림에서 임신한 여자와 남자가 의사의 설명을 들으며 즐거워하고 있다. 따라서 부인이 임신을 했고 남편이 함께 검진을 간 상황을 말하면 된다.

어휘

怀孕 huáiyùn 图 임신하다 ㅣ 陪 péi 图 모시다, 동반하다 ㅣ 检查 jiǎnchá 图 검사하다

제**4**부분 듣고 다시 말하기

🎧 2_11

11 今天早上我跟妈妈大吵了一架，因为我喜欢唱歌，不想上大学想专门练习唱歌。但是妈妈非常生气，她希望我能考上名牌大学，而且学习经济、法律、商务管理等热门专业。她觉得唱歌太不稳定，没有前途。

오늘 아침 엄마와 크게 싸웠어요. 저는 노래 부르는 것을 좋아해서 대학에 가지 않고 전문적으로 노래를 배우고 싶어요. 이 때문에 엄마는 화가 나셨어요. 엄마는 제가 명문 대학에 가서 경제·법률·비즈니스 관리 등 인기 있는 학문을 공부하기 바라세요. 노래를 한다는 것은 안정적이지도 않고 미래도 밝지 않다고 생각하세요.

대답

❶ 今天早上我跟妈妈吵架了，因为我想学习唱歌，但是妈妈不同意，她希望我学习经济、法律等。她觉得唱歌不稳定，没有发展前途。

오늘 아침 엄마와 싸웠어요. 저는 노래를 배우고 싶지만 엄마는 반대하세요. 엄마는 제가 경제나 법률 등을 공부하기를 바라세요. 노래를 하는 것은 안정적이지 못하고 미래가 없다고 생각하세요.

❷ 今天早上我跟妈妈大吵了一架，因为我非常喜欢唱歌，想专门学习。但是妈妈觉得唱歌太不稳定，没有前途，她希望我能考上名牌大学，而且学习经济、法律、商务管理等专业。

오늘 아침 엄마와 크게 싸웠어요. 저는 노래하는 것을 매우 좋아해서 전문적으로 공부해 보고 싶지만, 엄마는 노래하는 것은 안정적이지도 못하고 미래도 없다고 생각하세요. 제가 명문 대학에 가서 경제·법률·비즈니스 관리 등을 전공하기를 바라세요.

해설

엄마와 크게 다툰 이야기이므로 싸우게 된 원인과 관련된 '跟妈妈吵架', '我想专门练习唱歌', '妈妈希望我学习经济、法律、商务管理', '她觉得唱歌不稳定' 등의 핵심 내용을 기억하고 그 내용을 중심으로 연결하여 다시 말하도록 한다.

어휘

吵架 chǎo jià 통 말다툼하다. 다투다 | 专门 zhuānmén 부 전문적으로 | 考上 kǎoshàng 통 시험에 합격하다 | 名牌 míngpái 명 유명 브랜드, 지명도가 아주 높은 사람(기관) | 经济 jīngjì 명 경제 | 法律 fǎlǜ 명 법률 | 商务 shāngwù 명 상무 | 管理 guǎnlǐ 통 관리하다, 관할하다 | 稳定 wěndìng 형 안정되다 | 前途 qiántú 명 전망

12

炎炎夏日，很多人尤其是孩子很喜欢吃冰激凌，冰激凌有很多口味的：芒果的、草莓的、酸奶的、绿茶的等等。但是专家告诉我们过多地吃冰激凌，不但会让人发胖，而且对胃非常不好，影响消化。所以爱吃冰激凌的朋友们，一定要适可而止，饭后吃一点儿当然没问题，但不要空腹吃太多。

무더운 여름. 많은 사람들 특히 아이들은 아이스크림 먹기를 좋아해요. 아이스크림은 망고, 딸기, 요구르트, 녹차 등 여러 가지 맛이 있어요. 그러나 전문가들은 아이스크림을 너무 많이 먹으면 비만을 유발하고 위에 좋지 않아 소화에 영향을 준다고 말해요. 그렇기 때문에 아이스크림을 좋아하는 분들은 반드시 적당히 먹어야 해요. 식후에 조금 먹는 것은 별 문제가 없지만 공복에는 너무 많이 먹지 말아야 해요.

대답

❶ 夏天很多人喜欢吃冰激凌，特别是孩子。冰激凌有很多种类：芒果的、草莓的等等。但是吃得太多会让我们发胖，而且对胃也不好。所以我们不要一次吃太多，吃饭以后吃一点没问题。

여름에 많은 사람들이 아이스크림을 즐겨 먹는데, 특히 아이들이 좋아해요. 아이스크림은 망고, 딸기 등 여러 종류가 있어요. 그러나 너무 많이 먹으면 비만을 일으키고 위에도 좋지 않아요. 그래서 한번에 너무 많이 먹으면 안 되며, 식후에 조금 먹는 것은 괜찮아요.

❷ 在炎热的夏天，很多人都喜欢凉凉的冰激凌，尤其是孩子。冰激凌有很多口味的：芒果的、草莓的、酸奶的、绿茶的等等。但是专家告诉我们吃得太多不仅会让我们发胖，对胃也有很不好的影响。所以吃冰激凌要适当，更不要空腹吃。

무더운 여름에는 많은 사람들이 차가운 아이스크림을 즐겨 먹으며, 특히 아이들이 좋아해요. 아이스크림에는 망고, 딸기, 요구르트, 녹차 등 여러 가지 맛이 있어요. 그러나 전문가들은 너무 많이 먹으면 비만을 유발하고 위에도 좋지 않은 영향을 미친다고 말해요. 그렇기 때문에 아이스크림을 먹을 때는 적당량을 먹도록 하고 공복에는 먹지 말아야 해요.

해설

여름철 아이스크림에 관한 내용으로 '尤其是孩子很喜欢吃冰激凌', '过多地吃冰激凌，会让人发胖，对胃不好', '不要空腹吃太多' 등 특징적인 내용을 기억하고 그 내용을 중심으로 연결하여 다시 말하도록 한다.

어휘

炎炎 yányán 웹 (태양이) 몹시 뜨겁다 | 尤其 yóuqí 閉 더욱이, 특히 | 冰激凌 bīngjīlíng 몝 아이스크림 | 口味 kǒuwèi 몝 맛, 기호 | 芒果 mángguǒ 몝 망고 | 酸奶 suānnǎi 몝 요구르트('酸牛奶'의 약칭) | 专家 zhuānjiā 몝 전문가 | 发胖 fāpàng 동 살찌다 | 胃 wèi 몝 위(장) | 消化 xiāohuà 동 소화하다 | 适可而止 shì kě ér zhǐ 찡 적당한 정도에서 그치다 | 空腹 kōngfù 몝 공복 | 适当 shìdàng 웹 적절하다, 알맞다

제**5**부분 의견 말하기

13 介绍一下你学汉语的经历。

당신이 중국어를 배웠던 경험을 말하세요.

대답

❶ 我学汉语开始的时间比较晚，在韩国很多人都从小去中国留学，但是我上大学后才开始学汉语，刚开始完全在韩国学的，到了大二时我决定去中国留学，于是我去天津呆了半年，那时我的口语进步很大。

저는 중국어를 비교적 늦게 배우기 시작했어요. 한국에서는 어렸을 때부터 중국으로 유학을 가는 사람들이 많지만, 저는 대학에 들어가고 나서야 중국어 공부를 시작했어요. 처음에는 한국에서 배웠지만 대학교 2학년이 되었을 때 중국에서 유학하기로 결정했어요. 톈진에서 6개월 동안 머물렀고 그때 회화 실력이 크게 향상되었어요.

❷ 我学汉语开始的时间比较晚，在韩国去中国早期留学的孩子很多，他们很早就接触汉语，但是我上大学后才开始接触。大一时只是在学校里学习，有时周末去补习班学习，但是除了上课时间没机会说汉语。所以大二时我决定去中国留学，于是我去天津呆了半年，尽管时间不长，但我觉得那段时间我的口语进步很大。

저는 중국어를 조금 늦게 배우기 시작했어요. 한국에서는 중국으로 조기 유학을 가는 아이들이 많아서 어릴 때부터 중국어를 접하지만, 저는 대학에 들어가서야 중국어를 접했어요. 대학교 1학년 때는 학교에서만 공부했고, 주말에는 학원에서 공부하기도 했지만, 수업 시간을 제외하고는 중국어를 말할 기회가 없었어요. 그래서 대학교 2학년 때 중국 유학을 결정하고 톈진에서 6개월 동안 공부했어요. 그리 긴 시간은 아니지만, 그 기간 동안 회화 실력이 많이 향상되었어요.

해설

먼저 자신이 중국어를 언제 배우기 시작했는지 말한 뒤 중국어를 배우게 된 이유와 배운 곳, 지금의 중국어 실력 등 중국어를 배운 경험에 관한 내용을 덧붙인다.

어휘

经历 jīnglì 몡 경험, 경력 | 呆 dāi 동 머무르다 | 进步 jìnbù 동 진보하다 | 接触 jiēchù 동 접촉하다 | 尽管 jǐnguǎn 젭 비록 ~라 하더라도, ~에도 불구하고

 2_14

14 你压力很大的时候会做什么缓解压力？

당신은 스트레스를 많이 받을 때 어떻게 해소하나요?

대답

❶ 我压力很大的时候，一般去逛街买东西，特别是衣服。因为逛街的时候，我看到贵的东西、漂亮的衣服这么多，我就想我应该更努力地工作，赚很多钱去买更好的东西，这样压力就消失了，然后回去努力工作。

저는 스트레스를 많이 받을 때 보통 쇼핑을 하는데 특히 옷 쇼핑을 해요. 쇼핑을 할 때 비싼 물건과 예쁜 옷들이 많은 것을 보면 더 열심히 일해서 돈을 많이 벌어 더 좋은 물건을 사야겠다고 생각해요. 그러면 스트레스가 풀리고 그 후에 더 열심히 일하게 돼요.

❷ 对我来说，最有效的解压方法就是逛街购物，主要有两个原因：首先逛街时看到漂亮的东西，或者买到漂亮的衣服，我的心情也随着改变了；二是因为逛街时我看到这么多很贵很漂亮的东西，如果我想买的话，就应该回去努力工作，赚更多的钱。这样想以后我的压力就消失了，又有力气投入到自己的工作中。

저한테는 쇼핑을 하는 것이 최고의 스트레스 해소법이에요. 그 이유로는, 우선 쇼핑을 하면서 예쁜 물건을 보거나 예쁜 옷을 사면 기분이 좋아지기 때문이에요. 또 다른 이유는 쇼핑할 때 비싸고 예쁜 수많은 물건들을 보면서, 이런 물건들을 사고 싶으면 더 열심히 일해야 하고 돈을 더 많이 벌어야 한다는 생각이 들어요. 이런 생각을 하면 스트레스가 풀리고 더 열심히 일에 몰두할 수 있어요.

해설

우선 자신이 생각하는 스트레스 해소법을 소개한 뒤, 그 방법이 어떤 효과가 있는지 예를 들어 설명하며 자신의 의견을 뒷받침한다.

어휘

压力 yālì 몡 스트레스, 압력 | 缓解 huǎnjiě 통 완화되다, 풀리다 | 消失 xiāoshī 통 사라지다, 없어지다 | 购物 gòuwù 통 물건을 사다 | 心情 xīnqíng 몡 기분 | 随着 suízhe ~에 따라서 | 改变 gǎibiàn 통 변하다, 고치다 | 力气 lìqi 몡 힘, 역량 | 投入 tóurù 통 몰두하다, 전념하다

2_15

15 最近中国很流行"大学无用论"，很多人认为上大学无用，你怎么看?

최근 중국에서는 '대학 무용론'이 유행하며, 대학에 다니는 것이 불필요하다고 생각하는 사람들이 많아요. 당신은 어떻게 생각하나요?

대답

❶ 最近在中国很流行"大学无用论"，主要是因为现在大学毕业生找工作很难，而且找到工作工资也不太高，因此很多人觉得上大学没有用。我可以理解他们，但是我不同意。我们上大学的目的不只是为了找工作，更重要的是学习知识，提高素质。

최근 중국에서 '대학 무용론'이 유행하고 있어요. 요즘 대학 졸업생들도 취업하기가 힘들고 급여도 그리 높지 않기 때문에, 많은 사람들이 대학이 불필요하다고 생각하는 거예요. 저 역시 충분히 이해하지만 동의하지는 않아요. 대학에 다니는 목적은 단순히 일자리를 얻기 위해서가 아니라 지식을 쌓고 소양을 높이기 위해서기 때문이에요.

❷ 最近在中国很流行"大学无用论"，很多人都持这样的看法。在他们看来上完大学也找不到工作，就算找到工作工资也低得可怜，还不如不上大学。对这种想法，我持反对态度。我们上大学的目的不只是为了找工作，更重要的是学习更系统的知识、技术，提高自己的综合素质，开阔自己的眼界等等，不要太功利地去看上大学。

최근 중국에서 '대학 무용론'이 유행하고 있으며 많은 사람들이 찬성하고 있어요. 대학을 나와도 일자리 찾기가 힘들고, 취직을 하더라도 돈을 많이 벌지 못하니 대학에 다니지 않는 게 더 낫다는 것이죠. 저는 이런 생각에 반대해요. 대학을 다니는 목적은 단순히 일자리를 찾기 위해서가 아니라, 지식과 기술을 더 체계적으로 배우고 자신의 종합적 소양을 개발하며 시야를 넓히기 위함이기 때문이에요. 너무 실리적인 관점으로 이 문제를 봐서는 안 돼요.

해설

먼저 '대학 무용론'에 관한 자신의 관점을 말한 뒤, 관점에 따라 동의하는 이유나 동의하지 않는 이유를 들어 자신의 의견을 뒷받침한다.

어휘

流行 liúxíng 통 유행하다 | 无用 wúyòng 형 쓸모없다 | 工资 gōngzī 명 월급, 임금 | 理解 lǐjiě 통 알다, 이해하다 | 目的 mùdì 명 목적 | 知识 zhīshi 명 지식 | 素质 sùzhì 명 소양, 자질 | 持 chí 통 주장하다, (어떤 생각·견해를) 가지다 | 可怜 kělián 형 가련하다, 불쌍하다 | 反对 fǎnduì 통 반대하다 | 态度 tàidu 명 태도 | 系统 xìtǒng 형 체계적이다 | 技术 jìshù 명 기술, 능력 | 综合 zōnghé 통 종합하다, 총괄하다 | 开阔 kāikuò 통 넓히다 | 眼界 yǎnjiè 명 시야, 안목 | 功利 gōnglì 명 실리, 효용

16 你刚开始工作时，你会选择贷款买房还是选择租房，为什么?

당신은 일을 시작한 지 얼마 되지 않았을 때, 대출로 집을 장만하겠어요 아니면 월세를 택하겠어요? 그 이유는 무엇인가요?

대답

❶ 如果是我的话，我刚开始工作时不会选择贷款买房。因为刚开始工作时，对我最重要的是提高自己的能力，如果我有钱，我要把钱放在体验生活上，包括去学习别的东西，去旅行等，如果贷款买了房，我什么也不能做了。

저라면, 일을 시작한 지 얼마 되지 않았다면 대출로 집을 사지는 않을 거예요. 왜냐하면 일을 막 시작했을 때는 자신의 능력을 키우는 것이 더 중요하기 때문이에요. 돈이 있다면 그 돈을 투자해서 생활에서 많은 것들을 체험하고 싶어요. 예를 들어 다른 것들을 배워보거나 여행 등을 하고 싶어요. 대출로 집을 마련한다면 아무것도 할 수 없을 거예요.

❷ 如果是我的话，我刚开始工作时不会选择贷款买房，当然我也承认贷款买房后几年以后房子升值很快。但我觉得那同时也让我失去很多东西，那就意味着我每天必须计算着花钱，我不敢跳槽、不敢生病，更不能去旅行、去尽情地购物。我认为年轻时丰富的人生经历很重要，与其把钱用在还款上，还不如把钱花在体验生活上。

저라면 일을 막 시작했을 때는 대출로 집을 사지 않을 거예요. 대출로 집을 사고 몇 년이 흐르면 집값이 빠르게 오를 수도 있어요. 하지만 오히려 많은 것들을 잃을 수가 있어요. 매일 정해진 계산에 따라 소비를 해야 하기 때문에 이직도 할 수 없고 아파서도 안 되고, 여행을 가거나 마음껏 물건을 살 수도 없어요. 젊을 때는 인생 경험을 충분히 해야 한다고 생각해요. 대출금 갚는 데에 돈을 쓰는 것보다 생활에서 많은 것들을 체험하는 것이 낫다고 생각해요.

해설

대출과 월세 중 집에 대한 자신의 관점을 말한 뒤, 이를 뒷받침하기 위한 구체적인 근거를 제시한다. 일을 시작한 지 얼마 되지 않았다는 상황을 잊지 말고 자신의 관점을 선택한 이유와 그로 인한 생활의 변화 등을 말한다.

어휘

贷款 dàikuǎn 통 대출하다 | 租房 zūfáng 명 통 셋방, 집을 세내다 | 体验 tǐyàn 통 체험하다 | 包括 bāokuò 통 포함하다, 포괄하다 | 承认 chéngrèn 통 동의하다, 인정하다 | 升值 shēngzhí 통 사람이나 사물의 가치가 오르다 | 意味 yìwèi 명 의미, 뜻 | 计算 jìsuàn 통 고려하다, 계획하다 | 不敢 bùgǎn 통 감히 ~하지 못하다 | 跳槽 tiàocáo 통 다른 부서로 옮기다, 직업을 바꾸다 | 尽情 jìnqíng 부 마음껏 | 丰富 fēngfù 형 풍부하다 | 还款 huán kuǎn 통 돈을 갚다

제6부분 상황에 대응하여 말하기

17 昨天你不小心对朋友说了很过分的话，今天你约她出来，请你向她表达一下歉意。

어제 당신은 실수로 친구에게 지나친 말을 해서, 오늘 친구와 만날 약속을 정하려고 해요. 친구에게 사과의 뜻을 전하세요.

대답

❶ 昨天真的不好意思，我的态度太不好了，我真的不是故意的。因为最近工作太多，压力太大了，所以很容易发脾气。请你不要在意，这样吧，这个周五下班后你没有什么事的话，我请你吃饭怎么样?

어제는 진짜 미안했어. 내 태도가 진짜 잘못됐던 것 같아. 진짜 고의는 아니었어. 요즘 일이 너무 바쁘고 스트레스도 많이 받아서 쉽게 화를 낸 것 같아. 마음에 담아두지 않았으면 좋겠어. 이렇게 하자. 이번 주 금요일에 퇴근하고 별일 없으면 내가 밥을 사고 싶은데 어때?

❷ 昨天实在太不好意思了，我说得太过分了，但那不是针对你的。主要因为最近工作上压力太多，不知不觉把气发在你身上了，现在想想真的很后悔，请原谅我。以后再遇到这样的情况，我一定好好控制一下自己的情绪。这周五下班后，没什么事的话，我们一起吃个饭吧，我做东，想吃什么尽管说，别跟我客气。

어제 정말 미안했어. 내 말이 너무 지나쳤어. 하지만 너한테 뭐라고 하는 게 아니었거든. 요즘 일하는데 스트레스가 너무 많아서 나도 모르게 너한테 화풀이를 한 것 같아. 지금 정말 후회하고 있고 너한테 용서를 구하고 싶어. 나중에도 똑같은 상황이 발생하면 반드시 감정 조절을 할 거야. 이번 주 금요일에 퇴근하고 나서 별일 없으면 같이 식사하자. 내가 한턱낼 테니까 먹고 싶은 것은 다 얘기해. 편하게 다 말해.

해설

친구에게 사과하기 위해 만날 약속을 정하려는 상황이다. 먼저 친구에게 자신의 잘못에 대해 언급하며 사과한 뒤 화해하는 의미로 함께 차를 마시거나 식사할 것을 제안하도록 한다.

어휘

过分 guò fèn 동 지나치다 | 表达 biǎodá 동 나타내다, 표현하다 | 歉意 qiànyì 명 유감의 뜻 | 故意 gùyì 부 고의로 | 发脾气 fā píqì 화를 내다 | 在意 zài yì 동 마음에 두다 | 针对 zhēnduì 동 겨누다, 조준하다 | 后悔 hòuhuǐ 동 후회하다, 뉘우치다 | 原谅 yuánliàng 동 양해하다, 용서하다 | 情况 qíngkuàng 명 상황, 형편 | 控制 kòngzhì 동 억제하다, 조절하다 | 情绪 qíngxù 명 정서, 기분 | 做东 zuò dōng 동 한턱내다 | 尽管 jǐnguǎn 부 얼마든지, 마음대로

18 今天是春节，请你给认识的中国教授打电话拜年。

오늘은 설날이에요. 당신이 알고 있는 중국 교수님께 전화를 걸어 새해 인사를 하세요.

대답

❶ 老师，您好！给您拜年啦！自从上次我离开中国后，我们已经很久没见面了，您过得好吧？我现在没有时间去中国看望您，所以只能打电话，祝福您在新的一年里身体健康、事业有成，下次一定去中国看望您。

선생님, 안녕하세요! 새해 인사 드려요. 중국을 떠나와서 오랫동안 뵙지 못했는데 어떻게 지내시나요? 중국에 가서 선생님을 직접 뵙고 싶은데 시간이 없어서 이렇게 전화로 연락드려요. 새해에는 건강하시고 뜻하시는 일들을 다 이루세요. 다음에 꼭 중국에 가서 찾아뵐게요.

❷ 老师，您好！过年好，给您拜年啦！我真想念您，想念以前跟您一起学习的日子。自从上次离开中国后，一直没见您，您一切都好吧？我知道您的工作一直很忙，请一定注意身体，在这儿我通过电话祝您在新的一年里万事如意、事业更上一层楼。真的很感谢您对我的教导，从您身上学到的东西在我的生活和工作中都非常有用，下次我一定去中国看望您。

선생님, 안녕하세요! 새해 복 많이 받으세요. 선생님을 정말 뵙고 싶고, 예전에 선생님께 배우던 시절이 그립네요. 중국을 떠나오고 줄곧 뵙지 못했는데, 잘 지내시죠? 일이 계속 바쁘실텐데 건강에 유의하셔야 돼요. 이렇게 통화로라도 새해 인사 드려요. 새해에는 뜻하시는 일들을 다 이루시고, 좋은 성과를 거두시기를 바랄게요. 선생님의 가르침에 너무 감사드려요. 선생님께 배웠던 것들이 일상생활과 일하는 데에 아주 많은 도움이 돼요. 다음에는 꼭 중국에 가서 찾아 뵐게요.

해설

중국 교수님께 전화로 새해 인사를 전하는 상황이다. 교수님께 새해 인사를 전한 뒤, 예전에 교수님과 함께 공부했던 시절의 추억이나 교수님의 가르침에 대한 감사 인사 등을 덧붙여도 된다.

어휘

教授 jiàoshòu 명 교수 | 拜年 bài nián 통 세배하다, 새해 인사를 드리다 | 看望 kànwàng 통 방문하다, 문안하다 | 祝福 zhùfú 통 축복하다, 기원하다 | 事业 shìyè 명 사업 | 想念 xiǎngniàn 통 그리워하다, 생각하다 | 万事如意 wàn shì rú yì 성 모든 일이 뜻대로 이루어지다 | 更上一层楼 gèng shàng yī céng lóu 성 한 단계 더 높이다, 진일보하다 | 教导 jiàodǎo 통 가르치다, 지도하다

2_19

19 你正在参加辩论赛，对方的观点是大学生不应该打工，应该集中学习，请你对这一观点进行反驳。

당신은 토론 대회에 참가했는데, 상대는 대학생은 아르바이트를 하지 말고 학업에 전념해야 한다고 주장해요. 상대의 주장에 반박하세요.

대답

❶ 我认为大学生当然应该打工，首先，大学生已经不是孩子，他们不但要在教室里学习知识，也要在社会上学习，打工对他们来说可以积累经验，学习在社会上生活的能力；第二，打工赚钱可以让他们更好地理解自己的父母。

저는 대학생은 당연히 아르바이트를 해야 한다고 생각해요. 우선 대학생은 더 이상 아이가 아니에요. 교실에서 지식을 배우기도 해야 하지만 사회에서도 배움이 필요해요. 아르바이트를 하면 경험을 쌓을 수 있을 뿐 아니라 사회에서 생활력도 키울 수 있어요. 또 아르바이트를 하여 돈을 벌게 되면 부모님의 입장도 더 잘 이해할 수 있어요.

❷ 我觉得对方的观点太保守了，大学生是应该学习，但学习的范围很广，不应只包括坐在教室里的学习，更应该包括在社会上的学习。大学生已经长大成人，他们要为将来走上社会做准备，打工是一个很好的途径。另外通过打工大学生可以理解赚钱的不容易，这样他们能更好地理解自己的父母，也会对劳动的意义有更深的体会。

저는 당신의 관점이 상당히 보수적이라고 생각해요. 대학생은 배워야 하지만 배움의 범위는 넓어요. 단지 강의실에 앉아서만 배울 수 있는 것뿐 아니라 사회에서도 배워야 해요. 대학생은 이미 성인이기 때문에 앞으로 사회에 나갈 준비를 해야 해요. 그 점에서 아르바이트는 아주 좋은 경험이 될 수 있어요. 그밖에도 대학생은 아르바이트를 통해서 돈 버는 것이 쉽지 않다는 사실을 알게 돼요. 그러면 부모님의 입장을 더 잘 이해할 수 있고, 노동의 의미에 대해서 더 깊이 체험할 수 있어요.

해설

토론 대회에서 대학생은 아르바이트를 하지 말고 학업에 전념해야 한다는 주장에 반박해야 하므로, 대학생은 아르바이트를 해야 한다고 주장해야 한다. 따라서 자신의 주장을 뒷받침하기 위해서 대학생이 아르바이트를 해야 하는 이유, 아르바이트가 주는 장점 등을 제시하면 된다.

어휘

辩论 biànlùn 동 논쟁하다, 토론하다 | 对方 duìfāng 명 상대방 | 观点 guāndiǎn 명 관점, 견해 | 集中 jízhōng 동 집중하다, 모으다 | 反驳 fǎnbó 동 반박하다 | 知识 zhīshi 명 지식 | 积累 jīlěi 동 쌓이다, 축적되다 | 经验 jīngyàn 명 경험, 체험 | 保守 bǎoshǒu 형 보수적이다 | 范围 fànwéi 명 범위 | 广 guǎng 형 넓다 | 包括 bāokuò 동 포괄하다, 포함하다 | 途径 tújìng 명 방법, 과정 | 劳动 láodòng 명 일, 노동 | 意义 yìyì 명 의의, 의미 | 深 shēn 형 깊다, 밀접하다 | 体会 tǐhuì 명 느낌, 경험

20 你是某公司的老板，最近公司里两位同事闹了矛盾，互相不说话，请你想办法劝一下她们。

당신은 모 기업의 사장인데, 최근 회사에서 직원 두 명이 서로 갈등이 생겨 말도 하지 않아요. 방안을 생각해서 그녀들에게 조언을 해주세요.

대답

❶ 作为公司的老板，我只想简单地说几句。有矛盾是正常的，每个人都有自己的想法，和别人相处有矛盾很正常。但有了矛盾也不能相互不说话，你们既是不同的两个人，同时也是同一公司的一员，工作中难免要交流。

회사 사장으로 몇 마디 하겠네. 갈등이 생기는 것은 지극히 정상이야. 모든 사람은 다 자신의 의견이 있기 때문에 다른 사람과 지내는 과정에서 갈등이 생기는 것은 당연한 일이야. 하지만 갈등이 생겼다고 서로 말도 안 하는 것은 아니라고 보네. 자네들은 서로 다른 사람들이지만 동시에 한 회사의 일원이기 때문에 업무 중에 서로 부딪히고 만나고 할 수밖에 없지 않겠나.

❷ 作为公司的老板，我想告诉你们有矛盾是正常的，重要的是有了矛盾后我们要想办法解决，没办法解决时先放在一边，但绝对不能耽误工作。你们既是不同的人，也是同一公司的一员，工作中交流沟通是难免的，如果两个人都互相赌气不跟对方交流的话，当然会影响到公司的利益。所以矛盾先放到一边，工作的时候还是好同事，要同心协力地好好合作。

회사 사장으로 말하고 싶은 게 있네. 일하면서 충돌이 생기는 것은 정상적인 일이지만, 중요한 것은 일단 갈등이 생기면 해결할 방법을 찾아야 한다는 것이지. 해결 방법이 없다면 우선 한쪽으로 접어두고 생각하지 말아야 하지만, 업무에 지장을 주어서는 안 돼. 자네들은 서로 다른 사람들이지만 한 회사의 일원이기도 하네. 일을 할 때 마주하고 함께 할 수밖에 없지 않나. 만약 자네 둘이 서로 토라져서 상대방과 소통하지 않고 지낸다면 당연히 회사 이익에 영향을 줄 수밖에 없다네. 그러니 갈등은 한쪽으로 접어두고, 일할 때는 좋은 동료로 지내면서 서로 협력하며 최선을 다해 일하도록 하게.

해설

기업 사장의 입장에서 갈등이 생긴 두 직원에게 조언을 해야 하는 상황이다. 우선 두 사람의 갈등에 대한 관점을 말한 뒤, 개인적으로 또는 업무적으로 갈등을 해결해야 하는 이유를 제시하며 화해할 것을 조언한다.

어휘

闹 nào 통 떠들썩하다, 말다툼하다 | 矛盾 máodùn 명 갈등, 대립 | 相互 xiānghù 부 서로, 상호 | 劝 quàn 통 권하다, 설득하다 | 正常 zhèngcháng 형 정상적인 | 相处 xiāngchǔ 통 함께 지내다 | 难免 nánmiǎn 통 면하기 어렵다, ~하게 마련이다 | 交流 jiāoliú 통 서로 소통하다, 교류하다 | 绝对 juéduì 부 절대로, 반드시 | 耽误 dānwu 통 일을 그르치다, 시간을 허비하다 | 沟通 gōutōng 통 교류하다, 소통하다 | 赌气 dǔ qì 통 토라지다, 뒤틀리다 | 利益 lìyì 명 이익, 이득 | 同心协力 tóng xīn xié lì 성 마음을 합쳐 협력하다 | 合作 hézuò 통 협력하다

제**7**부분　그림 보고 이야기 구성하기

2_21

21　请根据图片的内容，讲述一个完整的故事。

그림의 내용에 따라 이야기를 완성하세요.

대답

 兄弟两个人背着很大的旅行包旅行回来，要坐电梯时却发现大楼停电了。他们家住在20层，但是没办法，只好爬楼梯上去。到了10层的时候，他们都累坏了，于是决定先把旅行包放在这儿，等来电了再回来拿。终于到了20层，他们打算开门时，却发现钥匙竟然在10层的旅行包里。

두 형제는 무거운 여행 가방을 지고 여행에서 돌아왔어요. 엘리베이터에 타려고 하는데 건물 전체가 정전이 된 것을 발견했어요. 그들은 20층에 살고 있기 때문에 어쩔 수 없이 계단으로 올라갔어요. 10층에 도착했을 때 너무 힘들어서 우선 여행 가방을 내려놓고 전기가 들어오면 다시 가지러 오기로 결정했어요. 마침내 20층에 도착해서 문을 열려고 하는데, 열쇠를 10층에 두고 온 여행 가방에 넣어 둔 사실이 생각났어요.

해설

그림에서 전개되는 상황을 보면 '① 아파트 정전으로 엘리베이터가 운행되지 않음 → ② 20층인 집까지 힘들게 계단으로 오르고 있음 → ③ 10층에 도착했을 때 너무 힘들어서 우선 가방을 내려두고 가기로 함 → ④ 20층에 도착했을 때 열쇠가 10층에 두고 온 가방에 있다는 것을 알게 됨'의 내용으로 정리해 볼 수 있다. 간략히 정리한 기본 상황에 그림 속에 나타난 내용을 덧붙여서 아파트 정전으로 인해 겪은 에피소드로 구성하여 말할 수 있다.

❷ 俩兄弟背着沉重的旅行包旅行回来，进了公寓却惊讶地发现电梯停电了。他们家住在20层，什么时候来电并不知道，无奈之下他们只能爬楼梯上去。爬到10层时，他们累得满头大汗，实在走不动了，于是他们决定先把旅行包放在10层，等来电了再回来拿。终于到了20层，他们想赶紧回家休息休息，正要开门时，却发现钥匙忘在了10层的旅行包里。

두 형제가 무거운 가방을 메고 여행에서 돌아와서 아파트에 들어왔는데 엘리베이터가 정전으로 운행되지 않았어요. 그들은 20층에 사는데 언제 전기가 들어올지 알 수 없어서 어쩔 수 없이 계단으로 올라갔어요. 10층에 도착했을 때 온몸이 땀에 젖을 정도로 지쳐서 꼼짝할 수 없게 되어, 우선 여행 가방을 10층에 두고 나중에 전기가 들어오면 다시 와서 가져오기로 결정했어요. 드디어 20층에 도착해서 빨리 들어가 쉬고 싶었는데, 문을 열려고 하는 순간, 열쇠가 10층에 두고 온 여행 가방 안에 있다는 사실을 발견했어요.

어휘

背 bēi ⑧ (등에) 짊어지다, 업다 | 停电 tíng diàn ⑧ 정전되다 | 只好 zhǐhǎo ⑨ 어쩔 수 없이 | 爬 pá ⑧ 오르다 | 楼梯 lóutī ⑲ 계단 | 累坏 lèihuài ⑧ 지칠 대로 지치다, 기진맥진하다 | 来电 láidiàn ⑧ (끊어졌던) 전기가 들어오다 | 钥匙 yàoshi ⑲ 열쇠 | 竟然 jìngrán ⑨ 뜻밖에도, 놀랍게도 | 沉重 chénzhòng ⑲ 몹시 무겁다 | 公寓 gōngyù ⑲ 아파트 | 惊讶 jīngyà ⑲ 놀랍다 | 满头大汗 mǎn tóu dà hàn ⑳ 얼굴이 땀투성이다 | 实在 shízài ⑨ 확실히, 참으로 | 赶紧 gǎnjǐn ⑨ 서둘러, 재빨리

제8부분 도표 분석하여 말하기

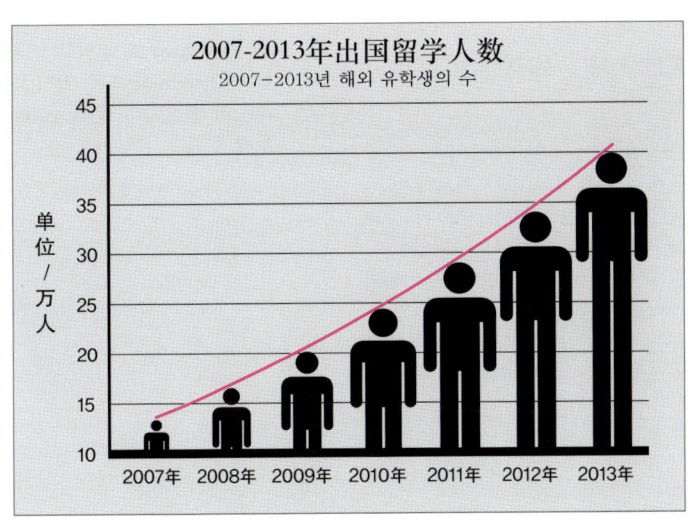

2007-2013年出国留学人数
2007-2013년 해외 유학생의 수

单位/万人

2007年 2008年 2009年 2010年 2011年 2012年 2013年

 2_22

22 请根据图表，说明一下出国留学的人数有什么变化，并简单分析一下原因。

도표에 따라 해외 유학생 수의 변화를 설명하고, 그 원인을 간단히 분석하세요.

대답

❶ 从这个图表中我们可以看出，07年到13年之间出国留学的人数增长了很多，从不到15万增长到了40万人。我认为原因主要有两个：第一是全球化的发展，各国的交流都不断增加，交通工具也越来越方便；第二是出国留学可以更好地学习外语、外国的文化，对将来找工作很有用。

이 표를 살펴보면 다음과 같은 사실을 알 수 있어요. 2007년에서 2013년 사이에 해외 유학생의 수가 크게 증가하여 15만 명에 못 미치던 해외 유학생의 수가 40만 명까지 증가했어요. 원인은 크게 두 가지로 볼 수 있는데요. 우선 세계화의 흐름에 따라 각 국가의 교류가 끊임없이 증가하고 교통도 점점 편리해지고 있기 때문이에요. 다음으로는 해외 유학을 하면 외국어와 외국 문화를 더 잘 배울 수 있어 미래에 취업하는 데 도움이 될 수 있기 때문이죠.

❷ 从这个图表我们可以清楚地看到，07年到13年六年之间出国留学的人数飞速增长，从不足15万人一下子增长到了40万人。我认为出现这种现象的原因主要有两个：一是全球化时代，各国的交流频繁，出国已经不是那么难的事了；二是很多企业都喜欢掌握多门外语的人才，如果你留过学，在找工作时会更有优势。

이 도표를 통해 다음과 같은 사실을 분명히 알 수 있어요. 2007년에서 2013년까지 6년 동안 해외 유학생의 수가 빠르게 증가하여 15만 명에 미치지 못했던 수가 단번에 40만 명까지 증가했어요. 이러한 현상이 나타난 데에는 두 가지 이유가 있어요. 하나는 세계화 시대에 각국의 교류가 빈번해지고 있어서 해외로 나가기가 그렇게 어렵지 않기 때문이에요. 두 번째는 많은 기업들이 외국어에 능통한 인재를 찾고 있기 때문에, 만약 유학 경험이 있다면 취업을 하는 데 도움이 될 수 있기 때문이에요.

해설

2007년에서 2013년까지의 해외 유학생 수의 변화에 관한 도표를 분석해야 한다. 우선 전체적으로 유학생 수가 어떻게 변화했는지 파악하고 변화 폭이 갑자기 커진 시점을 중심으로 그 시기 상황을 바탕으로 원인을 설명한다.

어휘

增长 zēngzhǎng 동 증가하다, 늘어나다 | 全球化 quánqiúhuà 명 국제화 | 不断 búduàn 부 끊임없이, 계속해서 | 增加 zēngjiā 동 증가하다, 늘리다 | 交通工具 jiāotōng gōngjù 명 교통수단 | 将来 jiānglái 명 장래, 미래 | 飞速 fēisù 형 매우 빠르다 | 不足 bùzú 동 부족하다, (일정한 숫자에) 이르지 못하다 | 现象 xiànxiàng 명 현상 | 频繁 pínfán 형 빈번하다, 잦다 | 企业 qǐyè 명 기업 | 掌握 zhǎngwò 동 파악하다, 정통하다 | 门 mén 양 과목, 가지 | 人才 réncái 명 인재 | 优势 yōushì 명 우세, 우위